Libro del alumno

Etapa 13
Textos

Nivel
B2.4

© Editorial Edinumen, 2013.
© **Equipo Entinema:** Sonia Eusebio Hermira, Anabel de Dios Martín, Berta Sarralde Vizuete, Beatriz Coca del Bosque, Elena Herrero Sanz, Macarena Sagredo Jerónimo. Coordinación: Sonia Eusebio Hermira.
© **Autoras de este material:** Anabel de Dios Martín, Sonia Eusebio Hermira y Berta Sarralde Vizuete.

ISBN: 978-84-9848-352-9
Dep. Legal: M-507-2013

Coordinación editorial:
Mar Menéndez

Edición:
David Isa

Diseño de cubierta:
Carlos Casado

Diseño y maquetación:
Carlos Casado y Juanjo López

Ilustraciones:
Carlos Casado

Fotografías:
Archivo Edinumen y
Anabel de Dios

Impresión:
Gráficas Glodami. Coslada
(Madrid)

Editorial Edinumen
José Celestino Mutis, 4.
28028 Madrid
Teléfono: 91 308 51 42
Fax: 91 319 93 09
e-mail: edinumen@edinumen.es
www.edinumen.es

Instituto Cervantes

Este método se adecua a los fines del *Plan Curricular* del Instituto Cervantes
La marca del Instituto Cervantes y su logotipo son propiedad exclusiva del Instituto Cervantes

Introducción

Etapas es un curso de español cuya característica principal es su distribución **modular** y **flexible**. Basándose en un enfoque orientado a la acción, las unidades didácticas se organizan en torno a un objetivo o tema que dota de contexto a las tareas que en cada una de ellas se proponen.

Los contenidos de **Etapas** están organizados para implementarse en un curso de 20 a 40 horas lectivas según el número de actividades opcionales, actividades extras y material complementario que se desee utilizar en el aula.

 Con **EXTENSIÓN DIGITAL**

Extensión digital de **Etapa 13**: consulta nuestra **ELEteca**, en la que puedes encontrar, con descarga gratuita, materiales que complementan este método.

 **ELEteca** un espacio en constante actualización

La Extensión digital **para el alumno** contiene los siguientes materiales:

- Prácticas interactivas
- Claves y transcripciones del libro de ejercicios
- Resumen lingüístico-gramatical

La Extensión digital para el **profesor** contiene los siguientes materiales:

- Libro digital del profesor: introducción, guía del profesor, claves, fichas fotocopiables, transparencias...
- Fichas de cultura hispanoamericana
- Resumen lingüístico-gramatical

Recursos del alumno:

Código de acceso

98483529
www.edinumen.es/eleteca

Recursos del profesor:

Código de acceso

Localiza el código de acceso en el
Libro del profesor*.*

índice de contenidos

Descripción de los iconos ....

 ➜ Actividad de interacción oral.

 ➜ Actividad de reflexión lingüística.

 ➜ Actividad de producción escrita.

 ➜ Comprensión auditiva. El número indica el número de pista.

 ➜ Comprensión lectora.

 ➜ Actividad opcional.

Índice de contenidos

Unidad 1

Relaciones personales

○○

Tareas:
- Presentar a un compañero de la clase.
- Interpretar diálogos con expresiones sociales.
- Escribir una carta en respuesta a un anuncio de contratación laboral.
- Diseñar un test para conocer el carácter de la gente de clase.
- Hacer una entrevista de sociocultura.
- Escribir un texto expositivo.

Contenidos funcionales:
- Saludar, presentar a alguien, dar la bienvenida...
- Expresar deseos y dudas.
- Expresar ironía.
- Hablar del carácter.
- Reanudar un discurso y concluir.
- Hablar del uso y origen de los nombres y apellidos.
- Hablar de comportamientos socioculturales.

Contenidos lingüísticos:
- Pluscuamperfecto de subjuntivo/condicional compuesto.
- Comparaciones consecutivas intensivas.
- El infinitivo: diferentes usos.
- Tipos de discurso.
- Marcadores del discurso.

Contenidos léxicos:
- Fórmulas para presentar a alguien.
- Expresiones sociales.
- Comparaciones estereotipadas.
- Nombres y apellidos frecuentes.

Contenidos culturales:
- Significado y origen de nombres y apellidos.
- Comportamientos socioculturales en las relaciones interpersonales.

1 Saludos y presentaciones

• •

1.1. **Escribe algunas preguntas para conocer más a tu profesor y házselas.**

[1] Si no fueras profesor, ¿qué te gustaría ser?
[2] ¿Te habría apetecido ....?
[3] ¿Dónde te hubiera gustado ....?
[4] ¿Habrías deseado que ....?
[5] ¿Te habría hecho ilusión ....?
[6] ¿..?
[7] ¿..?
[8] ¿..?

1.1.1. **R** **Fíjate en los tiempos verbales empleados y completa el cuadro.**

> ▷ **Expresar deseos y dudas**
>
> ■ Para expresar deseos y dudas sobre hechos relacionados con momentos del pasado usamos el (1) .... o el (2) ....
> — ¿Me hubiera gustado/ (3) .... vivir dos años en otro país antes de haber empezado a trabajar.

1.1.2. **Elige a un compañero de clase y hazle las mismas preguntas.**

1.1.3. **Presenta al resto de la clase a tu compañero contando la información nueva que hayas obtenido sobre él.**

Recuerda algunas fórmulas de presentación:

- *Me permito presentaros a... / Creo que ya os conocéis, ¿verdad?*
- *¿No vas a presentarnos a...? / Hola, mi nombre es... y soy...*
- *(Es) un placer (conocerte).*

1.2. **En parejas, escribid un diálogo con las siguientes premisas:**

- Sois dos conocidos que se encuentran por casualidad en la calle.
- Uno cuenta que su padre está enfermo.
- Otro habla de sus próximas vacaciones a la Patagonia.
- Os despedís.

1.2.1. **Escucha el siguiente diálogo y observa las diferencias con el que acabáis de escribir.**

1.2.2. **R** **Mirad la transcripción, leed de nuevo el diálogo en parejas y completad el cuadro con las fórmulas empleadas.**

Fórmulas frecuentes en intercambios sociales

1. Saludar: ....
2. Responder a un saludo: ....
3. Enviar saludos, recuerdos...: ....
4. Interesarse por el otro: ....
5. Reaccionar ante una buena noticia: ....
6. Formular buenos deseos: ....
7. Marcar el cierre de la conversación: ....
8. Despedirse: ....

1.2.3. **Usa estas fórmulas en el diálogo que has escrito en el punto 1.2. y prepáralo para interpretarlo con un compañero ante la clase.**

1.3. **En grupos, ordenad el diálogo que os dará vuestro profesor e imaginad su contexto.**

I.3.1.  **Subraya las expresiones que aparecen en tu texto y ordénalas en las siguientes categorías.**

▶▶▶ **Expresiones sociales**

1. Proponer un brindis: ....

2. Formular buenos deseos: ....

3. Agradecer: ....

4. Responder a un agradecimiento: ....

   ....

5. Disculparse: ....

6. Aceptar una disculpa: ....

7. Preguntar por una persona por teléfono: ....

   ....

8. Decir que alguien no puede ponerse al teléfono: ....

   ....

9. Dejar recados por teléfono: ....

I.3.2. **Escucha los diálogos de tus compañeros y completa el cuadro anterior con las expresiones que oigas.**

I.3.3. **Tu profesor te va a proponer una competición para practicar las expresiones anteriores pero antes, memorízalas.**

I.4. **Mira las siguientes fórmulas epistolares y colócalas en su respectivo lugar.**

> Un abrazo ■ Atte. ■ ¿Qué tal Ana? ■ Les escribo en referencia a... ■ Saludos cordiales
> Hasta pronto ■ ¡Hola, Ana! ■ Muchos besos ■ Nos vemos pronto ■ Te escribo por lo de...
> Queridos papás ■ Sin otro particular, les saluda atentamente ■ A la espera de sus noticias
> Un beso ■ Cordialmente ■ Atentamente ■ En relación a... ■ En espera de sus noticias

Tratamiento	Encabezamiento	Cuerpo	Despedida
Formal			
Informal			

I.4.1. **Escribe una carta formal presentándote para un puesto de trabajo.**

2.I. Lee la siguiente noticia y discute con tus compañeros qué implicaciones podría tener su aplicación.

La Vanguardia

Crean un método que detecta la ironía en comentarios de las redes sociales

El proyecto permitiría saber a las empresas si están hablando mal de ellas

Valencia. (EFE).- Investigadores de la Universidad Politécnica de Valencia han logrado desarrollar un método informático, indicado especialmente para las empresas, que detecta la ironía en los comentarios de los usuarios de redes sociales y clientes de negocios virtuales. "Las redes sociales son un termómetro perfecto para las compañías; desde Twitter, TripAdvisor o Amazon pueden saber qué opinan los consumidores sobre un determinado producto o sobre la propia empresa en general", comenta el investigador Paolo Rosso en un comunicado de la UPV.

Para el desarrollo del método, el equipo del Laboratorio de Ingeniería en Lenguaje Natural trabajó con un conjunto de datos procedentes de la red social Twitter y de la macrotienda virtual Amazon. "Mediante el análisis de una serie de opiniones de clientes, consideradas irónicas, tratamos de encontrar pistas sobre cómo hacer frente a esta tarea desde un punto de vista computacional. Nuestro objetivo era reunir un conjunto de elementos de discriminación que representan a la ironía", apunta Antonio Reyes.

El proceso se basa en analizar lingüísticamente las características que varios autores, expertos en la materia, han propuesto para describir la ironía. "Dado que dichas características caen a menudo en cuestiones muy abstractas que difícilmente podrían tener una formalización computacional, traducimos las características abstractas de la ironía a patrones textuales que nos permitan representar el núcleo de significado, y sobre todo de uso, respecto de este concepto", señala Rosso.

Según la UPV, la principal ventaja de este método recae en el hecho de que los patrones de los modelos desarrollados por estos investigadores buscan representar, de una forma "lo menos abstracta posible", las características de la ironía. El objetivo pasa ahora por que este método pueda detectar enunciados irónicos independientemente del tipo de discurso o incluso de lenguaje. "Al basar nuestros modelos en ejemplos coloquiales, producidos por usuarios reales en contextos generalizables ("tuits", comentarios o reseñas), procuramos que los escenarios de aplicabilidad no se limiten a buscar enunciados irónicos en los textos de Quevedo, por ejemplo, sino en textos más comunes como los que vemos todos los días en Amazon o en e-Bay", añade Reyes.

2.I.I. La ironía se origina cuando, por el contexto, la entonación o el lenguaje corporal se da a entender lo contrario de lo que se está diciendo. Lee los siguientes ejemplos de ironía en literatura y comenta con tus compañeros su significado.

1. *Salió de la cárcel con tanta honra, que le acompañaron doscientos **cardenales**; salvo que a ninguno llamaban eminencia. (El Buscón, Francisco de Quevedo)*

2. *Comieron una comida eterna, **sin principio ni fin**... (El Buscón, Francisco de Quevedo)*

3. *Calisto y Melibea se casaron, **como sabrá el lector** si ha leído La Celestina... (Las nubes, Azorín)*

4. *Érase una viejecita sin nadita que comer
sino carnes, frutas, dulces, tortas, huevos, pan y pez....
Y esta pobre viejecita al morir no dejó
más que onzas, joyas, tierras, casas, ocho gatos y un turpial.
Duerma en paz, y Dios permita que logremos disfrutar
las pobrezas de esa pobre y morir del mismo mal. (La pobre viejecita, Rafael Pombo)*

La ironía puede manifestarse a través de expresiones estereotipadas. Mira las siguientes comparaciones, muchas de las cuales hablan del carácter, y relaciona la columna de la derecha con la de la izquierda para completarlas.

① Ser más agarrado/a	ⓐ un/a energúmeno/a
② Estar más contento/a	ⓑ que un chotis
③ Ser más listo/a	ⓒ que el pan
④ Ser más vago/a	ⓓ un carretero
⑤ Estar más sordo/a	ⓔ que unas castañuelas
⑥ Ser más bueno/a	ⓕ que el hambre
⑦ Estar más suave	ⓖ un parajito
⑧ Estar borracho/a como	ⓗ que la chaqueta de un guardia
⑨ Comer como	ⓘ que una tapia
⑩ Comer como	ⓙ que un guante
⑪ Fumar como	ⓚ una cuba
⑫ Ser más lento/a	ⓛ que la una
⑬ Estar más solo/a	ⓜ una lima
⑭ Ponerse/Enfadarse como	ⓝ que el caballo del malo
⑮ Beber como	ⓞ una esponja

2.2.1. **Juguemos al *pictionary* para mecanizar estas expresiones.**

2.2.2. **Elige una de estas comparaciones y busca en Internet el origen de su significado para explicárselo a tus compañeros.**

2.3. **Lee los siguientes chistes y complétalos con las palabras que faltan.**

1. Era un hombre tan gordo, tan gordo, que cuando salía en la tele ocupaba ocho _____.
2. Era una mujer tan delgada, tan delgada, que se tragó el _____ de una aceituna y la gente sospechaba que estaba embarazada.
3. Era un hombre tan, tan, tan ignorante que se regaba con la regadera del jardín para ver si se _____.
4. Había una vez un hombre tan tacaño, pero tan tacaño, que cuando veía la _____ los domingos por la televisión, la apagaba cuando llegaba la parte de las ofrendas.
5. Era tan, tan, tan tonto, que no compraba una _____ de noche porque no tenía donde ponerla de día.
6. Era tan, tan, tan _____ que tenía las gafas en la nariz y no las veía.
7. Era tan, tan, tan bajito, tan bajito, que iba todos los días a la _____ para que le dijeran: ¡Alto!
8. Había una vez un príncipe tan feo, tan feo, tan feo que _____ se fue a casa a las 11:30h.
9. Era un tipo tan alto, tan alto, pero tan alto, que si _____ un miércoles, se caía el viernes.
10. Era un tío tan torpe, tan torpe, tan torpe que hasta tropezaba con su _____.
11. Era tan, tan, tan educado, que antes de empezar a hablar se quitaba el _____.

misa ■ sombra ■ frontera ■ canales ■ bigote ■ miope
mesita ■ cultivaba ■ Cenicienta ■ hueso ■ tropezaba

2.3.1. **R** **Fíjate en la construcción de los enunciados anteriores y completa el cuadro.**

◤ Oraciones consecutivas

Proposiciones adverbiales consecutivas

- Expresan una consecuencia que se desprende de lo enunciado en la proposición principal.
  - *No voy a contarte nada, **así que no insistas**.*

Consecutivas intensivas

- Expresan la consecuencia de una cualidad, una acción o una circunstancia que se presenta en la proposición principal precedida de un intensificador. Se construyen mediante la correlación de los intensivos ***tal***, (1)................ o ***tanto*** y la conjunción ***que***.
  - *Era un hombre (2)................ pequeño, ... pequeño, (3)................ en vez de viajar en metro viajaba en centímetro.*
  - *Era de un ignorante (4)................, (5)................ se regaba con la regadera del jardín para ver si se cultivaba.*

2.4. 📖 **¿Eres más agarrado/a que un chotis? Compruébalo haciendo el test a continuación.**

1. Si estás con unos conocidos tomando un café y quieres irte pronto:
   a. Pagas la ronda con discreción al camarero y te despides.
   b. Dejas el dinero de tu consumición en la mesa.
   c. Te vas sin pagar: total, un café ya te lo pagarán entre todos.

2. Te han regalado un florero espantoso:
   a. Me lo quedo de recuerdo: un regalo es un regalo.
   b. Lo dono a alguna asociación para gente necesitada: puede que a alguien le guste.
   c. ¡Qué suerte!, ya tienes algo para el próximo cumpleaños que se presente.

3. Acabas de tomar un café bastante malo en una terraza:
   a. Dejo la propina habitual, el camarero no tiene la culpa.
   b. Dejo menos propina de lo habitual, el café era malo.
   c. ¡Ni un céntimo de propina!, qué asco de café.

4. La gente de tu empresa va a ir a cenar a un restaurante un poco caro:
   a. Me apunto: un día es un día.
   b. Explico que estoy mal de dinero y me apunto solo a la copa de después.
   c. Invento una excusa para no ir.

5. Se casa un colega de la oficina con quien no tienes mucha relación y van a hacerle un regalo de tres euros por persona:
   a. Pongo cinco euros: tres es una miseria.
   b. Contad conmigo: no lo conozco demasiado, pero tres euros no es mucho.
   c. ¡Pero si he hablado con él poquísimo! Nada, ni un duro (además él no va a saberlo).

Resultados

Mayoría de respuestas *a*: eres una persona muy generosa y eso está muy bien, pero ten cuidado para que la gente no se aproveche de ti. Se dice que de bueno a tonto hay un paso.

Mayoría de respuestas *b*: ¡sigue así!, ni eres una persona rata ni pecas de tonta.

Mayoría de respuestas *c*: ciertamente, eres más agarrado/a que un chotis. Posiblemente tus amigos se pasan el día queriendo adivinar el color de tu cartera.

2.4.1. Dividid la clase en tres grupos y elaborad un test para descubrir qué persona de la clase es:

a) más vaga que la chaqueta de un guardia.
b) más gruñona: se pone como una energúmena con facilidad.
c) más buena que el pan.

2.4.2. En tríos, haced el test y entre todos, elegid a las personas ganadoras.

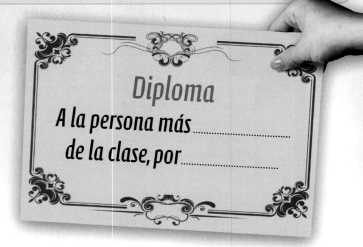

Diploma
A la persona más ....
de la clase, por ....

3 Los españoles no son mucho de...

3.1. Mira la siguiente afirmación y discute con un compañero si estás o no de acuerdo.

El nombre y los apellidos de cada persona hacen que cada ser sea único en cuanto a sus rasgos de carácter. Por una parte, el nombre representa las expectativas de los padres que lo eligen y por otra, su inicial está relacionada con un planeta que influye en la personalidad del individuo.

Janet Ospina

Manuel García

3.2. Muchos nombres se relacionan con la procedencia geográfica de las personas. Estos son algunos de los nombres más frecuentes en los países y regiones que tienes a continuación, trata de averiguar a cuál corresponden.

Argentina ■ Cuba ■ México ■ Andalucía (España) ■ Cataluña (España)
Galicia (España) ■ País Vasco (España)

Yanet	Ernesto	Carmen	Manuel
Odalys	Raúl	Uxía	Anxo
Isadora	Lautaro	Noa	Brais
Deisy	Reinaldo	Olalla	Iago
Valerina	Armando	Antía	Xesús

[1] .... [2] ....

| Mía
Valentina
Isabella
Martina
Liliana | Mateo
Néstor
Osvaldo
Luciano
Benjamín | Laia
Martina
Núria
Carla
Monserrat | Marc
Pau
Arnau
Oriol
Joan | Ane
June
Amaia
Leire
Itziar | Iker
Jon
Unai
Mikel
Aitor |

[3] ....

[4] ....

[5] ....

| Gabriela
Alejandra
Guadalupe
Mariana
Adriana | Pancho
Santiago
Diego
Alexander
Emiliano | Rocío
María del Mar
Encarnación
Antonia
Dolores | Antonio
Francisco
Rafael
Alfonso
Juan |

[6] ....

[7] ....

3.3. Dividid la clase en parejas, el profesor os asignará una letra (A o B). Haz a tu compañero las preguntas correspondientes a tu letra y responde a las suyas.

Ej. – ¿Sabes cuáles son los apellidos más frecuentes de los españoles?
– Pues no estoy seguro, pero me parece que hay muchos: Martínez, Pérez...

Alumno A

¡Sabes...

[1] ...cuáles son los apellidos más frecuentes de los españoles?

[2] ...qué apellido tiene en España una mujer casada?

[3] ...cómo se ordenan los apellidos de un español?

[4] ...con qué comunidad española se relacionan los apellidos Ulloa, Feijoo o Castro?

[5] ¿Conoces algún apellido vasco?

Alumno B

¡Sabes...

[1] ...cuántos apellidos tienen los españoles?

[2] ...con qué etnia se relacionan los apellidos Heredia, Montoya o Vargas?

[3] ...de dónde proceden los nombres que se utilizan como apellidos?

[4] ...dónde puedes encontrar personas que se llamen Hendrix de los Ángeles, Lenon McCartney o Indira Madonna?

[5] ¿Conoces algún apellido catalán?

3.3.1. Comprobad vuestras respuestas anteriores leyendo los textos que os proporcionará el profesor.

Etapa 13. Nivel B2.4

3.4. Repasa las actividades 3.2. y 3.3. y piensa si en tu país es parecido o no. Coméntalo con la clase.

Ej. En mi país solo tenemos un apellido y…

3.5. Algunos españoles tienen una combinación de nombre y apellidos que puede repetirse fácilmente en varias personas. Juan Carlos García González es uno de ellos y con él vamos a reflexionar sobre algunos comportamientos socioculturales. Para empezar, elige con un compañero la opción que te parezca más "española" en estas situaciones.

1. Casualmente estoy cerca de la casa de un conocido y siento ganas de ☐ visitarlo:

a) Lo llamo antes desde mi móvil para comprobar si está en casa y sugerirle mi visita.

b) ☐ Acercarse hasta su edificio y llamar al portero automático a ver si contesta alguien es una buena opción.

2. Un buen amigo tiene una casa en el campo a la que va todos los fines de semana y a mí también me gustaría ir:

a) Espero a que me invite a ☐ comer o pasar el día con él y su familia.

b) Le pregunto si le viene bien que vaya este sábado a su casa. Por supuesto si me dice que sí, llevaré algo de comer o beber.

3. Un mensajero trae un paquete para mi vecina que no está en casa y me pregunta si me lo puede dejar a mí.

a) Acepto sin dudar, somos vecinos y tenemos que ayudarnos unos a otros.

b) Dudo. Puede ser algo peligroso. La voz de mi conciencia me prohíbe ☐ tocar ese paquete. Mejor que vuelva más tarde.

4. Son las diez de la noche y he preparado todo para hacer un exquisito bizcocho de yogur, pero al ☐ añadir el azúcar, me doy cuenta de que no tengo bastante.

a) ¿Dónde ☐ conseguir más a estas horas? Con ☐ echar lo que tengo no arreglo nada. Lo mejor es pedírselo a mi vecino.

b) Hago el bizcocho casi sin azúcar, da lo mismo.

5. ¡El abuelo va a cumplir 80 años!

a) Soy del ☐ parecer de que lo mejor es dejarlo tranquilo para que celebre su cumpleaños, como mucho lo llamaré para felicitarlo.

b) Hacemos una gran comida con toda la familia. En España solemos reunirnos en los cumpleaños, los bautizos, las bodas y por supuesto en las fiestas de Navidad.

6. Recibo un regalo de agradecimiento de una persona con la que compartí mis ☐ saberes.

a) Le doy las gracias y lo guardo para abrirlo en la intimidad.

b) Lo abro en su presencia y expreso mi gratitud al mismo tiempo que digo cuánto me gusta.

7. Voy en un autobús, hay mucho tráfico y la gente se impacienta. A mi lado viaja un señor que empieza a quejarse y a hablar conmigo.

a) Es normal que el señor quiera hablar, al fin y al cabo los desconocidos siempre hablan en sitios como el transporte público, las salas de espera y los ascensores.

b) De ☐ haber sabido que este señor iba a ser tan pesado, habría buscado otro asiento.

8. Cuando se frecuenta un mismo establecimiento (bar, peluquería, panadería, estanco, etc.) la relación que establece entre cliente y el dueño o empleado es:

a) Cordial y cercana. Es habitual hablar de temas intrascendentes como la familia, el trabajo o la situación política del país. Al ☐ despedirse es frecuente usar expresiones como ¡A ☐ *seguir bien!*

b) Cordial, pero distante. Es muy raro que se entable conversación entre cliente y empleado en un establecimiento.

3.5.1. Vamos a escuchar a Juan Carlos García González en una entrevista sobre los comportamientos de los españoles. Revisa tu elección en la actividad anterior. ¿Coincide con lo que él dice?

3.5.2. **R** Completa esta reflexión gramatical sobre el infinitivo.

1. Lee las explicaciones y elige la opción correcta. Observa los ejemplos.

> ### El infinitivo
>
> - Hay dos tipos de infinitivo:
>   a. **Simple:** expresa una acción simultánea al verbo principal (*Me alegro de **estar** aquí con todos vosotros*) o **anterior/posterior** (*Quiero **celebrar** mi cumpleaños en familia*).
>   b. **Compuesto:** expresa una acción **anterior/posterior** al verbo principal (*Espero **haberos ayudado***).
> - El infinitivo puede tener características del verbo y del sustantivo.

2. Lee los usos del infinitivo y escribe en los cuadrados del ejercicio 3.5. el número correspondiente.

> ### Usos del infinitivo
>
> 1. Infinitivo nominalizado (convertido en nombre), puede llevar adjetivos o ir en plural.
> 2. Sujeto de una oración.
> 3. Complemento de un nombre o de un adjetivo. Ej. *Me parece difícil de hacer.*
> 4. Valor temporal: *Al* + infinitivo.
> 5. Valor concesivo: *Con* + infinitivo.
> 6. Valor condicional: *De* + infinitivo. El infinitivo puede ser simple (significado de primera o segunda condicional) o compuesto (significado de tercera condicional)
> 7. Valor imperativo: *A* + infinitivo (propio de la lengua coloquial). Ej. *¡A dormir ahora mismo!*
> 8. En preguntas deliberativas en las que el hablante se pregunta a sí mismo.
> 9. Fíjate que también aparece en estas construcciones:
>   a. Pronombre de OD + verbos *dejar, hacer, invitar a, obligar a* + infinitivo. Ej. *La invité a comer en mi casa.*
>   b. Pronombre de OI + verbo de influencia (*prohibir, mandar, recomendar...*) + infinitivo.

3.5.3. ¿Conocías los comportamientos anteriores? ¿Te ha llamado la atención alguno? ¿Por qué? Coméntalo con tus compañeros.

3.6. ¿Te gustaría saber algo más sobre sociocultura? Escribe cinco preguntas sobre los temas que se han visto en este epígrafe u otros diferentes que estén relacionados. Puedes preguntar algo más sobre el país de tu profesor o sobre el lugar de origen de tus compañeros.

[1] ....
[2] ....
[3] ....
[4] ....
[5] ....

3.6.1. Levántate y haz tus preguntas a las personas que creas que pueden responderte. Cuando terminéis, poned en común la información más interesante que habéis averiguado.

4 Textos

4.1. Como sabes, según la forma del discurso existen cuatro tipos de texto diferentes. Rellena el cuadro de la página siguiente con estos datos para tener la información completa.

¿Por qué es así?

Explica de forma objetiva unos hechos.

Relata hechos que suceden a unos personajes.

Artículos de opinión, críticas de prensa...

Novelas, cuentos, noticias...

Verbos que expresan opinión.

¿Qué pasa?

Defiende ideas y expresa opiniones.

Guías de viaje, novelas, cuentos, cartas, diarios...

Lenguaje claro y directo.

Libros de texto, artículos de divulgación, enciclopedias...

¿Cómo es?

Cuenta cómo son los objetos, personas, lugares, animales, sentimientos...

Abundancia de adjetivos.

¿Qué pienso? ¿Qué te parece?

Verbos de acción.

	Texto narrativo	Texto descriptivo	Texto expositivo	Texto argumentativo
Intención comunicativa				
Responden a				
Tipos de textos más frecuentes				
Tipo de lenguaje			Lenguaje claro y directo.	

4.2. **R** Para construir nuestro discurso necesitamos una serie de marcadores. Mira la siguiente clasificación y con tu compañero poned un nombre a cada grupo. Elegid el que más os ayude a recordar su significado.

◥ MARCADORES DEL DISCURSO

¿Qué tipos hay?	¿Para qué sirven?	Ejemplos
1. .... Aditivos	Añaden una idea a otras anteriores.	además, asimismo, no solo... sino también...
2.	Introducen la consecuencia de un enunciado anterior.	en consecuencia, de modo/forma/manera que, por consiguiente
3.	Introducen una razón que justifica el enunciado posterior.	puesto que, ya que, como
	Introducen un argumento contrario.	a pesar de, no obstante, sin embargo
4.	Expresan el contraste entre dos enunciados o ideas.	mientras que, en cambio
	Matizan la primera idea de la argumentación.	de todas formas/maneras, de todos modos
5.	Señalan el comienzo de un texto o de una parte concreta del mismo.	para empezar, primeramente, lo primero es que, bueno, bien
6.	Introducen nuevos enunciados o el cambio de un tema.	luego, por su parte, de otra parte, de otro lado

Continúa ▷

¿Qué tipos hay?	¿Para qué sirven?	Ejemplos
7.	Introducen el último enunciado de un texto.	*para finalizar/acabar, en suma, bueno*
8.	Introducen un segundo enunciado con el mismo significado que el primero, pero diferente forma.	*en otras palabras, es decir*
9.	Introducen una idea que condensa enunciados anteriores.	*resumiendo, para resumir, en conclusión, en suma, en definitiva, total*
10.	Corrigen un enunciado anterior, todo o en parte.	*mejor dicho, quiero decir*
11.	Restan importancia al enunciado anterior.	*de todas maneras/formas, de todos modos, en cualquier caso*
12.	Indican cambio de tema no relacionado con el anterior.	*por cierto, a propósito, en cualquier caso, una cosa*
13.	Introducen nuevos temas relacionados con argumentos anteriores.	*respecto a..., en relación con*
14.	Introducen un ejemplo concreto de lo enunciado anteriormente.	*en especial, concretamente*
15.	Reafirman lo dicho anteriormente.	*desde luego, por supuesto*

4.2.1. Algunos de los anteriores marcadores son más propios de la lengua oral. Subráyalos. Trabaja con tu compañero.

4.3. Elige uno de los temas que han salido en la unidad, busca información y escribe un texto expositivo. Puedes hacerlo con algún compañero que tenga los mismos intereses. Recuerda seguir esta estructura:

a. **Presentación del tema.**
b. **Exposición ordenada de los datos e ideas.**
c. **Conclusión con un resumen de las ideas más importantes.**

Unidad I

Unidad 2

El éxito

Tareas:

- Discutir sobre las claves del éxito.
- Elegir diálogos con mayor eficacia comunicativa.
- Conocer métodos de selección de personal.
- Escribir un texto argumentativo.

Contenidos funcionales:

- Hacer hipótesis posibles, poco posibles o imposibles.
- Ser cortés comunicativamente hablando.
- Interactuar en una conversación haciendo uso de diferentes tipos de frases interrogativas.

Contenidos lingüísticos:

- Contraste de las tres frases condicionales.
- Atenuadores del discurso.
- Interrogativas repetitivas o de eco.
- Interrogativas retóricas.

Contenidos léxicos:

- Vocabulario relacionado con el éxito.
- Mundo laboral.
- Discriminación laboral.
- Expresiones con *echar*.

Contenidos culturales:

- El mundo laboral en España.
- La cortesía en el lenguaje.
- Las empresas *embrión*.
- Españoles con éxito: Mala Rodríguez y empresa Panoramio.
- El Método Grönholm.

I El misterio del éxito

I.I. Lee los siguientes párrafos: ¿puedes contestar a las preguntas que se plantean? Habla con tus compañeros.

¿Qué es el éxito? ¿Por qué algunas personas tienen éxito en la vida y otras no lo consiguen? ¿Cómo se alcanza el éxito? ¿Cuál es el secreto de las personas que lo obtienen?

Pocos artistas son tan venerados en el mundo como Vincent Van Gogh, y sin embargo, solo logró el éxito después de la muerte. Al igual que el artista, muchos otros profesionales muy competentes en la actividad de la que son especialistas, no pueden aprovecharse de su propia genialidad. ¿Por qué?

I.I.I. Estas son algunas de las respuestas a las preguntas anteriores. ¿Estás de acuerdo con ellas? Añade alguna más de las que habéis hablado anteriormente.

1. "Inteligencia, imaginación y conocimiento son recursos esenciales, pero solo la eficiencia se convierte en resultado. Hay que transformar competencia en eficacia".
2. "A veces la clave es simplemente un golpe de suerte, inexplicable. No depende solo de productividad, eficiencia, estrategia, creatividad...".
3. "Visión, capacidad de soñar en grande y, por supuesto, una gran determinación".
4. "Saber cómo elegir y tomar decisiones adecuadas".
5. "Quizá Van Gogh tomara decisiones erradas. Tal vez no creyó en su propio potencial o no supo gestionar su trabajo. O simplemente, el genio pudo haber sido un incomprendido".
6. ....

Estas son dos respuestas de dos españoles con éxito. ¿Con cuáles de las opiniones anteriores relacionas su éxito? Habla con tu compañero y justificad vuestras respuestas. Pregunta o busca las palabras que no comprendas.

Texto 1

Mala Rodríguez

Rapera gaditana. Su irrupción en el cambio de siglo marcó un antes y un después en el estilo y la convirtió en su representante más internacional. Su álbum titulado *Dirty bailarina* trata sobre una heroína del futuro.

■ **¿Cómo definiría su trabajo?**
He hecho el mejor trabajo musical español de la última década.

■ **¿De qué habla en sus canciones cuando habla de rap?**
Yo muestro las canciones en las que hay una heroína que soy yo. Yo hago canciones, rimas, soy una poeta. La música tiene que ver con el lugar en el que pongo el marco para contar historias.

■ **¿Qué es lo que más le *cabrea*[1] de lo que se dice de usted?**
Siempre hay quien me ama y quien me odia. Pero estoy aquí para mover las conciencias. Me deprimiría no hacerlo.

■ **¿Se sorprende escuchando sus viejos discos?**
Me sorprende la mujer que soy, la niña que he sido y la fuerza que siempre he tenido para decir lo que me *ha salido de ahí*[2].

Sorpresiva, descarada y muy suya. Es La Mala María (Mala Rodríguez), la voz y el sentimiento que ha revolucionado la rima urbana. El *hip hop* ha encontrado el estatus que merecía. Esta chica emerge de las tribus para lanzar un grito a los estamentos más consolidados, romper el cerco y las fronteras de un estilo que desde hace años intentaba abrirse camino en el ruedo ibérico.

[1] Cabrearse: coloq. enfadarse.
[2] Expresión jergal y malsonante, equivalente a "lo que he querido".

Texto 2

Panoramio

Es un sitio web dedicado a exhibir las fotografías de lugares o paisajes que los propios usuarios crean y *georreferencian*. Fue inaugurado el 3 de octubre de 2005 por los alicantinos Joaquín Cuenca Abela y Eduardo Manchón Aguilar, que conquistaron en poco tiempo a los internautas. En marzo de 2007, los usuarios habían subido más de un millón de fotografías y tres meses después, el 27 de junio, la cantidad de imágenes creció a dos millones. Para fines de octubre de ese año, las fotografías alcanzaron la suma de cinco millones.

El 30 de mayo de 2007, la empresa Google anunció que planeaba adquirir Panoramio. La negociación llegó a su fin en julio del mismo año, cuando Panoramio aceptó la oferta de Google.

Panoramio es un ejemplo de éxito aplastante y sus beneficios arrojan cifras desorbitantes.

■ **Cuando se tiene una idea de negocio y se toma la decisión de llevarlo adelante, ¿cuáles son los pasos a seguir?**
Ni idea, nosotros no somos negociantes. Nunca tuvimos una idea de negocio, Joaquín Cuenca tuvo la idea de cómo crear algo útil y siempre pensamos que si creas algo útil y chulo, habrá algún modo de rentabilizarlo.

■ **¡Y arrasasteis! ¿Hay algún secreto para conseguir volar tan alto?**
En Internet la clave está en ir rápido. Nadie sabe lo que va a pasar. Las decisiones se toman de un día

Continúa ▶

para otro. Se improvisa constantemente en función de la demanda de los usuarios. Partimos de algo tan sencillo como el programa *Adsence* de Google, que solo tardamos tres minutos en configurar. No hay tiempo para pruebas. Las cosas no se discuten: se hacen. Y se hacen de forma directa y sencilla, sin florituras. No podemos preocuparnos porque si el usuario pulsa el botón *back* en la página, no funcione un enlace que llevaba a no sé dónde… Hay que preocuparse de que la página funcione. Si nos preocupamos de los casos específicos y raros, paramos el desarrollo, y si el desarrollo se para, no avanzamos. Trabajar sin entorno de pruebas tiene sus riesgos: la página se puede caer. Pero si se cae no pasa nada, se arregla rápidamente y se prosigue. Tiene que haber ciclos muy rápidos de diseño y corrección y en cada ciclo identificar las prioridades y dejar las menudeces. Tendremos mil cosas por hacer, pero solo podemos hacer diez.

1.1.3. **Vuelve a leer los textos anteriores y, con tu compañero, explica la relación que puede haber entre el significado más literal de las palabras resaltadas con el éxito.**

Ej. El verbo de *irrupción* es *irrumpir* y su significado literal es entrar con violencia o fuerza en un lugar. Cuando álguien tiene un éxito muy rápido, transmite la idea de esa fuerza.

1.1.4. **Explica el significado de las siguientes palabras de los textos anteriores.**

Texto 1

(l. 16) Sorpresiva, **descarada** y **muy suya**. ▶ ....

(l. 19) desde hace años intentaba abrirse camino en el **ruedo ibérico**. ▶ ....

Texto 2

(l. 20) solo tardamos tres minutos en **configurar**. ▶ ....

(l. 21) Y se hacen de forma directa y sencilla, sin **florituras**. ▶ ....

(l. 25) Trabajar sin **entorno de pruebas** tiene sus riesgos. ▶ ....

(l. 27) identificar las prioridades y dejar las **menudeces**. ▶ ....

1.2. **Mira las siguientes portadas. ¿Qué piensas de este tipo de libros?**

El éxito no llega por casualidad

¿Cómo se alcanza el éxito? Es simple, pero no fácil, depende de usted. Basándose en la programación neurolingüística y en la ciencia del éxito, este libro enseña a aumentar la capacidad mental y a alcanzar lo que realmente se desee, la vida que lleva la ha creado usted; por lo tanto, siempre puede mejorarla.

Los siete hábitos de la gente altamente efectiva

Desde su publicación inicial, se han vendido más de 15 millones de copias en treinta lenguas. En esencia, el libro lista siete principios de acción, que, una vez establecidos como hábitos, ayudarán al lector a alcanzar un alto nivel de efectividad en los aspectos relevantes de su vida.

La ciencia de hacerse rico

Hay una ciencia para hacerse rico, y es una ciencia exacta, como el álgebra o las matemáticas. Hay ciertas leyes que gobiernan el proceso de adquirir la riqueza; una vez que estas leyes son aprendidas y obedecidas por cualquier hombre, este se enriquecerá con una certeza matemática.

1.2.1. 🔊 **[3]** **Escucha a estas dos amigas: ¿de cuál de los tres libros podrían estar hablando? Discute con tu compañero y justifica tu respuesta.**

1.2.2. ✏️ **Las dos amigas en su conversación utilizan los tres tipos de frases condicionales. Fíjate en el contexto e intenta reconstruirlas.**

▶ ¡Anda!, ya estás aquí. Pasa. Si (*avisarme/irte a buscar*) **(1)** ....
.... —Se dan dos besos—. ¿Qué
tal todo?

▶ Bien, un poco cansada... ¿Tú? ¿Qué hacías?

▶ Leyendo. —Le enseña la portada de libro que está leyendo.

▶ Venga, no irás a decirme que te crees esas cosas. —Lee la entra-
dilla del libro—. Bueno, si (*ser tan fácil/todos* tener *trabajos fantásticos
y mucho dinero y* ser *felices*) **(2)** ....
....

▶ Pues no te rías. ¡Me da rabia no haber sabido antes que existía este libro!

▶ No me irás a decir que si (*leerlo, ahora las cosas* irte *diferente*) **(3)** ....
....

▶ Pues sí, creo que sí, y a ti también.

▶ Si ahora mismo (*asegurarme* que todo lo que dice es cierto, y que si *leer* ese libro, mis problemas *desaparecer*,
en este mismo instante *ir* a la librería y *comprar* otro ejemplar) **(4)** ....
....

▶ Pues no lo sé... pero lo que no puedes negar es que si (*tenerse muy claro lo que se quiere y adónde* quererse *llegar,
todo* ser *más fácil*), **(5)** ....
Por ejemplo, si (*confiar más en él... y en ti, seguramente* tener *más posibilidades de volver a ser felices*) **(6)** ....
....

▶ Vale, me rindo. Según ese libro, ¿qué debería hacer o haber hecho?

▶ ¿Quieres una lista? Pues no sé, pero siempre te quejas del estrés, de que todos los días llegas tarde al trabajo,
de que no tienes tiempo para ti, de que ganas poco dinero... Siempre estás con que te gustaría adelgazar un
poco, que no soportas tu barrio... Y, sin embargo, no haces nada por remediarlo. Por ejemplo, si (*levantarte
más pronto, llegar a tu hora al trabajo y no* tener *que quedarte luego más tiempo y* poder *aprovechar más la tarde para
apuntarte a un gimnasio, o hacer lo que quieras*) **(7)** ....
....
En cuanto al dinero, tuviste una gran oportunidad cuando Nuria te propuso que te fueras con ella a su em-
presa. Si (*arriesgarte, a lo mejor ahora* estar *más satisfecha*) **(8)** ....
....
Y si no (*gustar donde vives, pues* mudarte) **(9)** ....

1.2.3. 🔊 **[3]** **Escucha otra vez y comprueba tu respuesta anterior.**

1.2.4. 🗣️ **Comenta con tus compañeros tus reacciones y/o acciones ante las siguientes situaciones posibles o reales. Elige una de las tres condicionales, según tu realidad.**

1. Perder el trabajo/Cambiar de trabajo.
2. Mudarse de casa/Comprar una casa.
3. Llover el próximo fin de semana.

4. Ser presidente de tu país.
5. No tener nada que hacer esta noche.
6. Tener dinero para estas vacaciones.

Ej. ▶ Pues yo me alegro de haber perdido el trabajo. Porque si no lo hubiera perdido, no hubiera tomado la decisión de venir y cambiar de vida. Y ahora no estaría aquí aprendiendo español, que me encanta y estoy muy a gusto.

▶ Bueno, pues yo cruzo los dedos, porque no me gustaría perder el trabajo. Pero si lo perdiera, también aprovecharía para hacer algo totalmente diferente.

▶ La verdad es que a mí no me importa perder el trabajo. Si lo pierdo, pues busco otro. Por eso estoy aprendiendo español, para tener más posibilidades y más abanico.

1.3. **¿Quieres saber cuáles son las nueve claves del éxito según la Psicología? Lee los textos que ha colgado tu profesor por la clase y escribe una frase que resuma la idea.**

1.

2.

3.

4.

5.

9.

8.

7.

6.

LAS NUEVE CLAVES DEL ÉXITO

1.4. **¿Estás de acuerdo con estas afirmaciones? ¿Por qué? Habla con tus compañeros.**

- Uno de los aspectos claves para el éxito laboral, empresarial o profesional, está en el **lenguaje**.
- A través del **lenguaje** podemos hacernos entender o podemos demostrar al otro lo que realmente sabemos o quiénes somos; es una herramienta imprescindible y facilita la expresión y consecución de metas.
- Es cierto que todos los verbos, palabras y expresiones están en el **lenguaje**, pero solo alguno de ellos facilita unas mejores estrategias y su adecuada utilización lleva al sujeto a conseguir sus objetivos.

1.4.1. **Sigue leyendo sobre el tema. ¿Sabes lo que significa *atenuar*? Discute el significado con tus compañeros y, finalmente, buscadlo en el diccionario. Después, poned algunos ejemplos.**

DICCIONARIO

A-Z

La **atenuación** es un recurso estratégico dentro de la actividad argumentativa y conversacional que busca la aceptación del oyente. Se trata de no ser directo en el discurso y de esta manera lograr que el hablante persuada a su oponente y así conseguir su objetivo, sin que este perciba la posible descortesía que pudiera existir.

I.4.2. 🔊 **Escucha las siguientes conversaciones e imagina la situación. Toma nota para responder a las siguientes preguntas.**

1. ¿Quién/es hablan? ¿Qué relación hay entre ellos/as?

2. ¿De qué o quién están hablando? ¿Qué es lo que se puede deducir o imaginar de lo que están hablando?

Conversación 1	Conversación 2

I.4.3. 🗣 **¿Qué significan realmente las siguientes frases que han aparecido en las conversaciones anteriores? Habla con tu compañero.**

[1] Lo encuentro un poco rarito.

[2] No está nada mal.

[3] Es un poco feíllo.

[4] Tiene los ojos como un poco tristes.

[5] Tirandillo.

[6] No te va nada mal.

[7] He tenido algunos problemillas.

[8] Hoy me pillas en un día un poco negativo.

[9] No te veo muy animado.

[10] Ando algo deprimidillo.

I.4.4. 📖 **Las anteriores frases muestran algunos de los recursos que existen en español para atenuar el significado. Míralas y completa el cuadro. Trabaja con tu compañero.**

▷▷ **Recursos para atenuar el significado de lo que se quiere decir**

1. ....

2. ....

3. ....

4. ....

5. Hacer preguntas o afirmaciones generalizadoras para evitar ser directos. ....

6. Utilizar verbos de opinión o percepción para evitar comprometerse totalmente con lo que se está diciendo. ....

7. Usar perífrasis de gerundio. ....

8. ....

I.4.5. 🔊 **Vuelve a escuchar y escribe las frases que ilustran el resto de recursos de la actividad anterior.**

I.4.6. 🗣 **Inventa diálogos a partir de las frases que te ofrecemos. Debes intentar ser cortés en tus preguntas o afirmaciones y no ser demasiado directo o rotundo.**

[1] No es que yo lo sepa seguro, pero parece que Isabel...

[2] ¡Pero no me dijiste que te ibas!

[3] No te lo vas a creer, ¿a qué no sabes a quién me encontré ayer?

[4] ¿Te vienes?

[5] Por lo visto, hay personas en este departamento que...

I.4.7. 🗣 **Elige uno de tus diálogos anteriores y escenifícalo. Escucha el de tus compañeros y toma nota de los recursos atenuadores que han utilizado. ¿Han sido lo suficientemente corteses?**

2 El éxito en el trabajo

2.1. Mira la palabra escrita en la nube. ¿Qué sabes de ella? ¿Puedes completar el diagrama? Trabaja con tu compañero.

Definición

Ejemplos

Start-up

Traducción al español

Start-up de garaje

2.1.1. Lee la información que te va a dar tu profesor y corrige tu respuesta anterior.

2.2. Mira las siguientes palabras y expresiones relacionadas con el trabajo: ¿cuáles conducen al éxito y cuáles al fracaso? Discute el significado con tus compañeros y argumenta tus respuestas.

1. Aprovechar las oportunidades.
2. Reconocer los propios errores.
3. Enfrentarse a los problemas.
4. Caer en el desánimo.
5. Llevar una vida ordenada.
6. Evitar los pensamientos negativos.
7. Asumir retos.
8. Huir de los problemas.
9. Estar estresado.
10. Vivir por encima de tus posibilidades.
11. Trabajar por dinero.
12. Desmoralizarse ante las dificultades.
13. Dejarse arrastrar.
14. Tener la conciencia tranquila.
15. Sobresalir en algo.
16. Ganarse la vida haciendo lo que uno quiere.
17. Establecer metas.
18. Aprovecharse de la gente.
19. Ser un pelota/hacer la pelota (coloq.).
20. Ser un trepa (coloq.).
21. Tener un enchufe (coloq.).
22. Evadir responsabilidades.

Cualidades: tenacidad, perseverancia, fuerza de voluntad, positivismo, seguridad en uno mismo, entusiasmo, falta de voluntad, derrotismo, baja autoestima.

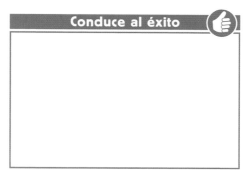

Conduce al éxito 👍

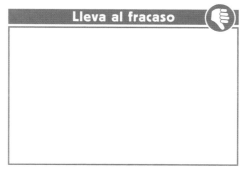

Lleva al fracaso 👎

2.3.  Mira estos dos carteles que pertenecen a una obra de teatro y a una versión posterior en cine que tuvieron mucho éxito. ¿Sabes lo que es el Método Grönholm?, ¿de qué crees que trata?

2.3.1. Lee el siguiente fragmento de la obra de teatro: ¿habías oído hablar de este método? ¿Para qué crees que se usa?

> Hace muy poco que estamos implementando este tipo de prueba. Es un test desarrollado por Isaías Grönholm, un psicólogo sueco que es el director de nuestro departamento de ~~personal~~ en la central de Estocolmo. Lo que pretende es evaluar la respuesta del ~~candidato~~ ante diferentes estímulos emocionales. Mide lo que él denomina «inteligencia creativa».
>
> Fragmento del Método Grönholm. Jordi Galceran

2.3.2. Para saber más sobre este método primero lee la siguiente información y coloca las palabras en su sitio. Después, habla sobre otros métodos que conoces; mira la información que aparece a la derecha.

> sinceridad ■ recursos humanos ■ correcto ■ entrevista en grupo ■ pruebas grupales

Método Grönholm es un tipo de (1) ...., de origen sueco, que cada vez está cogiendo más popularidad entre los departamentos de (2) .... para seleccionar al personal.

Consiste en una sucesión de (3) .... en las que, habitualmente, se hace interactuar y relacionarse a los candidatos para comprobar su personalidad, su capacidad de trabajo en equipo, además de otras de las actitudes y aptitudes que se entresacan de una entrevista convencional.

En este tipo de entrevista, como en general en todos los demás tipos, la principal recomendación es la (4) .... No mientas sobre tu currículum, no adoptes un papel o actitud impropio de tu forma de ser y muéstrate (5) .... pero natural.

Métodos de selección de personal.
1. Cartas de recomendación.
2. Entrevista tradicional.
3. Entrevista estructurada.
4. Ejercicios de simulación y de situaciones.
5. Datos biográficos.
6. Prueba de habilidades cognitivas, de inteligencia y de aptitudes.
7. Prueba de personalidad.

2.3.3. Este es el argumento de la obra de teatro, ¿a qué pruebas surrealistas y absurdas crees que han podido ser sometidos los candidatos? Dividid la clase en grupos y pensad en cinco posibles pruebas como mínimo.

> Esta obra recrea una supuesta entrevista de trabajo a la que acuden cuatro personajes buscando un alto cargo ejecutivo en una empresa trasnacional. Sin embargo, la entrevista se convierte en una extraña experiencia casi surrealista, siendo los candidatos sometidos a pruebas absurdas que rayan en lo ridículo para ver quién se queda finalmente con el puesto de ejecutivo.

2.3.4. Poned en común la información anterior. Tenéis que decir qué prueba es la más rara de todas. Tenéis ocho minutos para llegar a un acuerdo.

2.3.5. Para saber las pruebas que realmente les propusieron, lee la información que va a colgar tu profesor por la clase.

2.4. Te proponemos las siguientes situaciones y preguntas. Habla con tus compañeros sobre ellas.

[1] Si te ofrecieran dos trabajos, uno muy interesante pero mal pagado y el otro muy bien pagado pero aburrido, ¿qué harías?

[2] Si un compañero de trabajo te dijera "si el jefe pregunta por mí, dile que ayer salí del trabajo contigo" y tú sabes que no es cierto, ¿qué harías?

[3] ¿En qué situaciones o bajo qué condiciones no aceptarías un trabajo? (tipo de contrato, jornada y horario, sueldo...).

[4] ¿Qué cuestiones consideras que no deben hacerse o que deben evitarse en el mundo laboral? ¿Qué aspectos (de la personalidad, de los gustos, de los pasatiempos...) crees que es mejor que no se sepan en el trabajo?

[5] ¿Qué tipo de preguntas no aceptarías responder en una entrevista de trabajo?

3 Trabajo, mujer y ¿éxito?

3.1. Lee estos titulares sobre el mundo laboral y contesta a las siguientes preguntas.

1. ¿Cuál es el tema común de todos ellos?

2. ¿Qué significan las palabras resaltadas?

3. ¿Cómo está este tema en tu país?

Se acaba de lanzar el primer portal gratuito en Internet de búsqueda de empleo destinado exclusivamente a las mujeres

El Viceconsejero de Empleo de la Junta de Castilla y León dice que la región alcanzará el pleno empleo femenino en cuatro años

Doscientas labriegas gallegas exigen derechos laborales

El mayor impedimento para conciliar trabajo y familia es la falta de apoyo de compañeros y jefes, según un estudio

Mujeres discriminadas salarialmente

Las españolas que cobran el salario mínimo duplican a los hombres

España, a la cabeza del paro femenino

Sindicatos y madres denuncian dificultades para compaginar lactancia y empleo

El Gobierno quiere revisar el sistema de clasificaciones profesionales y categorías laborales para eliminar la segregación vertical y horizontal que agrupa el trabajo femenino en sectores y puestos peor remunerados

Etapa 13. Nivel B2.4

3.1.1. Escucha este diálogo entre dos compañeras de trabajo y escribe qué temas de los anteriores aparecen en su conversación.

3.1.2. Vuelve a escuchar y escribe las expresiones usadas que demuestran que los siguientes enunciados son verdaderos.

> **Expresiones con *echar***
>
> 1. Cuando Lourdes se excusó por no poder quedarse, el jefe le reprochó la ayuda que él siempre le había dado: ....
>
> 2. Lourdes se alegra de la vuelta de Carmen porque se ha acordado mucho de ella: ....
> ....
>
> 3. La compañía con la que iban a firmar el acuerdo, cambió de opinión: ....
>
> 4. El jefe se enfadó con Lourdes y la regañó: ....
>
> 5. La empresa perdió un proyecto importante y está muy enfadada: ....
>
> ■ Otras expresiones son:
> **Echar una mano:** ayudar.
> **Echar en falta:** darse cuenta de que algo no está en el lugar en el que debía estar.
> **Echar leña al fuego:** añadir más tensión.
> **Echarse el tiempo encima:** agotarse el tiempo (o quedar poco) para hacer algo.

3.1.3. En la conversación que acabas de escuchar aparecen también los siguientes tipos de interrogativas. Lee cómo se llaman y contesta a las siguientes preguntas. Trabaja con tu compañero.

Interrogativas repetitivas o de eco	Interrogativas retóricas

[1] ¿Qué significan sus nombres?

[2] ¿Por qué crees que se utilizan en las conversaciones? ¿Qué función tienen o qué aportan a la conversación?

3.1.4. Para corregir o confirmar tus respuestas anteriores, escucha de nuevo el diálogo anterior y coloca las tarjetas que te va a dar tu profesor en el lugar correspondiente del siguiente cuadro.

Interrogativas repetitivas o de eco	Interrogativas retóricas
Definición:	Definición:
Ejemplos: ☐ ☐ ☐ ☐ ☐ ☐	Ejemplo: ☐

3.1.5. **R** Lee la información sobre los tipos de interrogativas y coloca los ejemplos anteriores dentro de su clasificación.

> ## Tipos de interrogativas

1. Interrogativas repetitivas o de eco: son frases que repiten en su totalidad o en parte palabras que acaban de ser emitidas por otro hablante. Esta repetición puede hacerse por varios objetivos:

a. Interrogativas recapitulativas: expresan la actitud del hablante ante las palabras que acaba de oír (sorpresa, incredulidad, ofensa, amenaza, reproche...). Serán la entonación y la información que aporta el contexto y la situación los factores que contribuyen a determinar su función comunicativa exacta.

▶ *¿Vas a llamar a María?*   — ....
▷ *¿Que si la voy a llamar? En cuanto salga de clase.* — ....
     — ....
     — ....

b. Interrogativas especificativas: el hablante solicita más información y pide aclaraciones. A veces, se usa este tipo de frases para mostrar que no se quiere hablar del tema o que no se quiere dar más información.

▶ *¿Cuándo te vas?*   ▶ *¿Cuándo lo has visto?*
▷ *¿Cuándo me voy adónde?*   ▷ *¿Cuándo he visto a quién?*

▶ *¿Se lo has dicho?*   — ....
▷ *¿Si le he dicho qué?*   — ....

c. Interrogativas explicativas: solicitan la explicación de algo que no se sabe o que no se ha escuchado correctamente.

▶ *Era amigo de Priscila.*   — ....
▷ *¿Amigo de quién?*   — ....

2. Interrogativas retóricas: por medio de estas frases, el hablante da su opinión sobre el tema y pide al interlocutor el acuerdo. Normalmente llevan una marca de negación.

— *¿No crees que se ha portado mal con nosotros?*   — ....
— *¿No es precioso?*

3.2. Las siguientes frases y sus comentarios están extraídos de un texto que trata de demostrar la discriminación de la mujer en el trabajo. ¿Qué comentarios se harían sobre el hombre y cuáles sobre la mujer en una sociedad con discriminación?

Situaciones y comentarios	Sobre él	Sobre ella
1 *No se encuentra en su despacho.*		
a. Debe de estar en una reunión.	☐	☐
b. Estará en el baño retocándose.	☐	☐
2 *Va a tener un hijo.*		
a. Le costará a la empresa la maternidad.	☐	☐
b. Necesitará un aumento de sueldo.	☐	☐
3 *Salió a almorzar con el jefe.*		
a. Debe de tener un lío.	☐	☐
b. Su prestigio aumenta.	☐	☐

Continúa ▷

4 *Se va. Le ha salido un trabajo mejor.*

   a. Es que no se puede confiar en las mujeres/los hombres. »»»»»»»»»»»» ☐ »»»»»» ☐

   b. Hace bien en aprovechar la oportunidad. »»»»»»»»»»»»»» ☐ »»»»»» ☐

5 *Su escritorio está lleno de papeles.*

   a. Se nota que es una persona ocupada, siempre trabajando. »»»»»»»»» ☐ »»»»»» ☐

   b. Es un/a desordenado/a. »»»»»»»»»»»»»»»»»»»»»»» ☐ »»»»»» ☐

6 *Le gritó a un empleado que no cumplió sus órdenes.*

   a. Tiene carácter. Sabe imponerse. »»»»»»»»»»»»»»»» ☐ »»»»»» ☐

   b. Es un/a histérico/a. »»»»»»»»»»»»»»»»»»»»»»»» ☐ »»»»»» ☐

7 *Se va a casar.*

   a. Pronto se quedará embarazada y se irá. »»»»»»»»»»»»»»»»» ☐ »»»»»» ☐

   b. Eso le estabilizará. »»»»»»»»»»»»»»»»»»»»»»»» ☐ »»»»»» ☐

8 *Hizo un mal negocio.*

   a. ¿Se echó a llorar? »»»»»»»»»»»»»»»»»»»»»»»» ☐ »»»»»» ☐

   b. Estará muy disgustado/a. »»»»»»»»»»»»»»»»»»»»» ☐ »»»»»» ☐

9 *Está hablando con sus compañeros/as de trabajo.*

   a. Seguro que está discutiendo nuevos proyectos. »»»»»»»»»»»» ☐ »»»»»» ☐

   b. Seguro que está cotilleando. »»»»»»»»»»»»»»»»»»» ☐ »»»»»» ☐

10 *Tiene colocadas encima de su mesa las fotos de su esposo/a e hijos.*

   a. Es una persona responsable y de fiar, que se preocupa de su familia. »» ☐ »»»»»» ☐

   b. Su familia tiene prioridad sobre su trabajo. »»»»»»»»»»»» ☐ »»»»»» ☐

3.2.1. **Mira las reacciones de algunas personas a los comentarios sobre las mujeres. Son diferentes frases interrogativas, complétalas y relaciónalas con su comentario anterior correspondiente: decide la intención y ensaya la entonación adecuada para esa intención.**

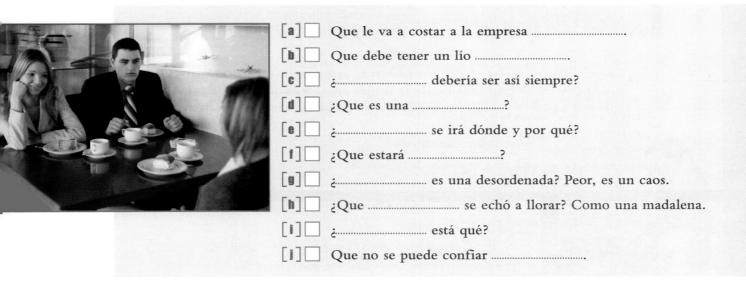

[a] ☐ Que le va a costar a la empresa ....

[b] ☐ Que debe tener un lío ....

[c] ☐ ¿.............................. debería ser así siempre?

[d] ☐ ¿Que es una ....?

[e] ☐ ¿.............................. se irá dónde y por qué?

[f] ☐ ¿Que estará ....?

[g] ☐ ¿.............................. es una desordenada? Peor, es un caos.

[h] ☐ ¿Que .... se echó a llorar? Como una madalena.

[i] ☐ ¿.............................. está qué?

[j] ☐ Que no se puede confiar ....

3.2.2. **¿Crees que esas diferencias entre hombres y mujeres siguen existiendo en algún país? ¿Conoces ejemplos de mujeres que han alcanzado el éxito profesional? Habla con tus compañeros.**

4.1. Elige uno de los temas que han salido en la unidad, busca información y prepara un texto argumentativo. Busca a compañeros con los mismos intereses.

Libros que hablan sobre el éxito

Formas y métodos de selección de personal

Ejemplos de empresas *start-up*

Discriminación laboral

4.2. Para hacer el texto argumentativo, puedes seguir el siguiente esquema.

1. Introducción al tema:
    a) Frase principal.
    b) Frases secundarias que apoyan la principal.

2. Tesis (idea que se quiere defender).
    Criterio de autoridad (datos, ejemplos, etc. que apoyan la tesis).

3. Razones que apoyan la tesis y demuestran todo el razonamiento.

4. Conclusiones.

Unidad 3

Geografías

ooooooooooooooooooooooooooooooooooooooooooooooo

Tareas:
- Escribir un parte meteorológico.
- Elaborar un póster de paisajes hispanos.
- Participar en un concurso.
- Redactar un texto descriptivo.

Contenidos funcionales:
- Describir el tiempo atmosférico y el clima.
- Describir lugares.
- Intensificar el discurso.
- Localizar.
- Expresar cambios.

Contenidos lingüísticos:
- Expresiones y verbos para hablar del tiempo atmosférico.
- Lectura de los signos de puntuación.
- Recursos para intensificar el discurso.
- Usos de *ser* y *estar*.
- Verbos y expresiones de localización.
- Verbos de cambio.

Contenidos léxicos:
- Accidentes geográficos.
- El tiempo atmosférico.
- El clima.
- Expresiones relacionadas con el tiempo.

Contenidos culturales:
- Climas de los países hispanos.
- Geografía hispana.

I ¿Qué tiempo hará mañana?

1.1. Mira esta imagen, observa el cielo, los árboles y la gente. ¿Qué sensación te transmite?

1.1.1. [6] Escucha dos partes meteorológicos y relaciónalos con la imagen que crees que acompaña a cada uno.

A.

B.

1.1.2. Relaciona estas palabras con los símbolos utilizados en los mapas. Trabaja con tu compañero.

temperatura ■ viento ■ borrasca ■ precipitación ■ cielo cubierto ■ nieve
cielo despejado ■ anticiclón ■ tormenta ■ granizar ■ chaparrón ■ bruma

Ej. – Yo creo que esto significa...
– Sí, y tormenta es este símbolo, ¿no?

1.1.3. Vuelve a escuchar los partes meteorológicos y completa con las palabras necesarias.

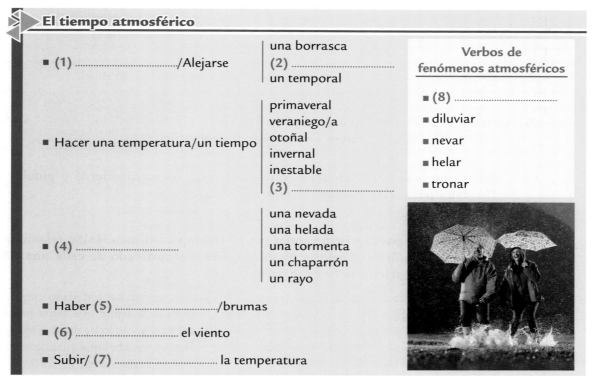

> **El tiempo atmosférico**

■ (1) ..../Alejarse | una borrasca
(2) ....
un temporal

■ Hacer una temperatura/un tiempo | primaveral
veraniego/a
otoñal
invernal
inestable
(3) ....

■ (4) .... | una nevada
una helada
una tormenta
un chaparrón
un rayo

■ Haber (5) ..../brumas

■ (6) .... el viento

■ Subir/ (7) .... la temperatura

Verbos de fenómenos atmosféricos

■ (8) ....
■ diluviar
■ nevar
■ helar
■ tronar

1.2. Escribe un parte meteorológico para la previsión del tiempo que hará mañana en el país que te dará tu profesor. Dibuja también los símbolos en el mapa.

1.2.1. Explica el parte que has escrito a tu compañero mientras él dibuja los símbolos en el mapa.

1.2.2. Comparad las dos versiones que tenéis de vuestros mapas, ¿coinciden?

1.3. ¿Qué factores influyen en el clima de un lugar? Lee este texto y complétalo con las palabras del recuadro.

altitud ■ nivel del mar ■ latitud

El clima de la Tierra está determinado por dos factores básicos:

a) La ....: las regiones más próximas al Ecuador son las más calurosas y cuanto más alejado está el lugar, más frío es el clima. Siguiendo este criterio la Tierra se divide en una zona climática cálida (con centro en el Ecuador), dos templadas (entre los trópicos y los círculos polares) y dos frías (en los polos).

b) La ....: cuanto más elevado sea un lugar respecto al ...., más frío es su clima. Además, las zonas costeras suelen tener temperaturas menos extremas que el centro del continente.

I.4. La geografía hispana se extiende por diferentes zonas climáticas del mundo. Para saber algo más, completa lo que puedas de este cuadro con la información que te dará el profesor.

Norte

Tipo de clima	¿Dónde?	Características
○ Mediterráneo		
○ Tropical		
○ Selva tropical húmeda		
○ Desértico		
○ Tundra		

Sur

I.4.I. Comparte la información que tienes con tus compañeros y pídeles la que te falta para terminar de rellenar el cuadro.

I.5. En estos diálogos hay expresiones coloquiales que utilizan léxico relacionado con el tiempo atmosférico. Léelos y piensa cuál es el significado de cada una. El profesor os dará unas tarjetas para ayudaros.

Diálogo 1

○ ¿Sabes que ha vuelto Lorena de Bristol?
○ ¿Sííí? ¿Y cómo está?
○ Está bien, pero un poco desubicada. Dice que han cambiado muchas cosas y nota la ciudad distinta.
○ Claro, lógico que haya cambiado, es que **ha llovido mucho desde** que ella se fue.

Diálogo 2

○ ¿Por qué te has enfadado con Raúl?
○ Porque le conté que tenía problemas con mi pareja y se lo ha dicho a toda su familia.
○ Bueno, ya sabes que cuando se cuenta algo, termina sabiéndose.
○ Sí, pero esto no es para ir **pregonándolo a los cuatro vientos**.

Diálogo 3

○ ¿Qué tal con tu nuevo novio?
○ ¡Uy! Nuestra relación **va viento en popa**. El fin de semana pasado conocí a sus padres y son muy majos.
○ Jo, ¡qué bien!
○ Pues sí, estoy supercontenta.

Diálogo 4

○ ¿Has oído lo que ha dicho el Ministro de Educación?
○ Sí, ¡hay que ver! Sus declaraciones no han hecho más que caldear el ambiente.
○ Ahora los profesores y estudiantes han convocado huelgas en su contra. Todos los medios de comunicación hablan de él, **está en el ojo del huracán**.

Diálogo 5

○ ¿Alejandro sigue trabajando en la misma empresa?
○ Sí, y lo han nombrado jefe de Recursos Humanos.
○ ¡Qué bien!, ¿no?
○ No creas, la empresa está en crisis, hay que despedir a trabajadores y ya sabes cómo es él, que siempre procura ayudar a todo el mundo.
○ ¡Menudo papelón!
○ Pues sí, pero la verdad es que **está capeando el temporal** bastante bien.

Diálogo 6

○ ¿Te ha devuelto Marta los pantalones?
○ ¡Qué va! Se lo he dicho mil veces, pero **como quien oye llover**.
○ ¡Qué cara tiene!

Diálogo 7

○ Mamá, ¿seguro que tengo que tomarme este jarabe?
○ Sí, hija, te calmará la tos.
○ Pero es que **sabe a rayos**, no me gusta nada.

Continúa ▶

Diálogo 8

○→ El otro día abuchearon al alcalde en las fiestas del río.

○→ Pues mira, yo creo que en el sueldo de los políticos está incluido **aguantar el chaparrón**.

○→ Yo creo que eso no está pagado de ninguna manera.

Diálogo 9

○→ Estoy muy apenado, mi exmujer no me dejar ver a mis hijos.

○→ ¿Y qué vas a hacer?

○→ Voy a ir a los tribunales, haré lo que haga falta. Tengo claro que lucharé **contra viento y marea** hasta que consiga que pasen conmigo unos días por semana.

Diálogo 10

○→ ¡Qué mala suerte! Por si fuera poco con el terremoto que destrozó sus casas, ahora las riadas se han llevado por delante lo que les quedaba.

○→ Pues sí, si es que siempre **llueve sobre mojado**.

1.5.1. **R** **Escribe con tus palabras los significados de estas expresiones.**

> **Expresiones relacionadas con el tiempo**

a. Llover sobre mojado: ....

b. Ha llovido mucho desde (entonces/eso/aquello...): ....

c. Pregonar/gritar a los cuatro vientos: ....

d. Ir viento en popa: ....

e. Estar en el ojo del huracán: ....

f. Capear el temporal: ....

g. Aguantar el chaparrón: ....

h. Saber a rayos: ....

i. Como quien oye llover: ....

j. Contra viento y marea: ....

1.6. 🖊 **El profesor os va a dar una ficha con preguntas. Escribe dos más para tus compañeros.**

1.6.1. 👤 **Poneos en tríos y haced las preguntas de vuestra ficha a vuestros compañeros.**

Ej. – ¿Crees que ha llovido mucho desde que fuiste a una discoteca?

– La verdad es que no porque estuve hace una semana.

2 Geografía hispana

2.1. 👤 **Mira estas fotos y comenta con un compañero si conoces estos lugares o dónde crees que podrían estar.**

1.

2.

3.

Continúa ▶

2.1.1. **R** Lee estas definiciones y relaciónalas con las imágenes anteriores. Escribe el número de la foto correspondiente en el recuadro.

☐ **bahía.** f. Entrada de un mar en la costa. Está rodeada por tierra en forma de semicírculo y tiene una parte abierta al mar por donde entra el agua.

☐ **cataratas.** f. Salto grande de agua procedente de la corriente de un río en un terreno rocoso.

☐ **cordillera.** f. Serie de montañas enlazadas entre sí.

☐ **desierto.** m. Territorio arenoso en el que casi no llueve y por tanto de vegetación escasa.

☐ **estrecho.** m. Canal de agua situado entre dos tierras y por el que se comunica un mar con otro.

☐ **glaciar.** m. Masa de hielo acumulada en las zonas de las cordilleras por encima del límite de las nieves permanentes y cuya parte inferior se desliza muy lentamente, como si fuese un río de hielo.

☐ **golfo.** m. Gran porción de mar que se interna en la tierra entre dos puntas de tierra.

☐ **lago.** m. Gran masa permanente de agua depositada en el interior de la tierra.

☐ **llanura.** f. Terreno plano con poca variación en su altura con respecto al nivel del mar.

☐ **meseta.** f. Terreno plano extenso situado a considerable altura sobre el nivel del mar.

☐ **río.** m. Corriente de agua continua más o menos caudalosa que va a desembocar en otra, en un lago o en el mar.

☐ **volcán.** m. Abertura en una montaña por donde salen de tiempo en tiempo humo, llamas y materias encendidas o derretidas.

2.1.2. El profesor os va a dar unas tarjetas con los nombres de los lugares anteriores, ¿podríais decir qué es qué?

2.2. Dividid la clase en dos grupos, una persona de cada uno se sienta de espaldas a la pizarra. El profesor escribirá en la pizarra una de las palabras que acabáis de aprender y tenéis que explicársela a vuestro compañero solo con palabras (¡no podéis mover las manos!). El primer alumno que adivine la palabra conseguirá un punto para su grupo.

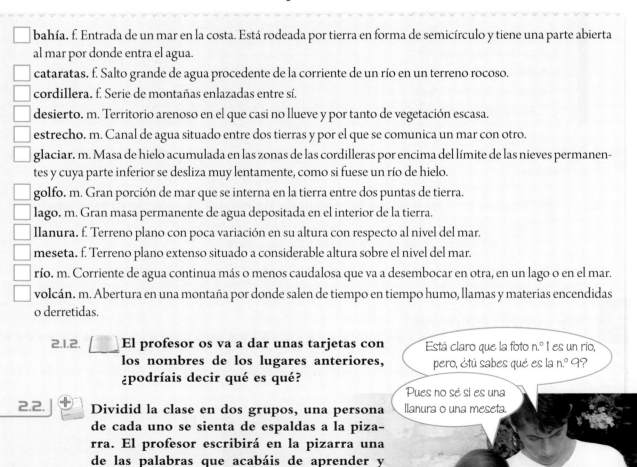

Está claro que la foto n.º 1 es un río, pero, ¿tú sabes qué es la n.º 9?

Pues no sé si es una llanura o una meseta.

Unidad 3

2.3. Lee estos comentarios referidos a los lugares de 2.1. y confirma que conoces el significado de las palabras subrayadas

1. Es un paisaje <u>deslumbrante</u>, ese blanco azulado **incluso** puede <u>cegarte</u>.
2. El agua <u>serpentea</u> sobre la tierra, es **una maravilla**.
3. ¡Qué terreno más <u>árido</u>! Parece **calurosísimo**.
4. Es un lugar **extraordinariamente** bonito, pero al mismo tiempo un poco <u>ensordecedor</u>.
5. Su altura es **impresionante**. Debe de ser **grandioso** contemplar los diferentes colores que puedan salir de él.
6. Esa agua en calma... esto sí es un lugar **tranquilo tranquilo**.
7. Son unos montes muy <u>escarpados</u>, **me fascina** mirarlos.

2.3.1. ¿De qué lugar se podría decir cada uno de los comentarios anteriores? Discútelo con un compañero.

Ej. – Yo diría esto sobre la foto número...

2.3.2. En las frases de 2.3. se utilizan recursos para intensificar una idea del discurso. Observa las palabras en negrita y relaciónalas con estas explicaciones escribiéndolas a su lado.

> **Para la intensificación de elementos del discurso podemos utilizar:**
>
> 1. Adjetivo superlativo con sufijo –*ísimo/a*: ....
> 2. Adjetivo superlativo por repetición: ....
> 3. Palabras con significado más intenso.
>   a. sustantivos: ....
>   b. adjetivos: ....
>   c. verbos: ....
>   d adverbios: ....
> 4. Marcadores del discurso de intensificación: ....

2.4. Busca en la clase a alguien que cumpla estas características. Intenta escribir como mínimo un nombre para cada una.

Busca a alguien que...	Nombre	Algunos detalles
1. ...haya visto un volcán en erupción.		
2. ...haya atravesado un estrecho.		
3. ...haya dormido en el desierto.		
4. ...haya pescado en un lago.		
5. ...piense que atravesar una llanura a caballo es genial.		
6. ...se haya quedado fascinado ante una catarata.		
7. ...haya estado en un glaciar.		

Ej. – Oye, ¿has visto alguna vez un volcán en erupción?
– Pues solo en la tele.

2.5. Vamos a hacer un dictado, pero antes recuerda cómo se leen estos signos de puntuación. Une cada signo con su lectura correspondiente.

① .	•	• ⓐ	punto y coma.
② ,	•	• ⓑ	(se abre/se cierra) paréntesis.
③ ;	•	• ⓒ	punto (y seguido/y aparte).
④ :	•	• ⓓ	(se abre/se cierra) exclamación.
⑤ ( )	•	• ⓔ	dos puntos.
⑥ ¿ ?	•	• ⓕ	coma.
⑦ ¡ !	•	• ⓖ	(se abre/se cierra) interrogación.
⑧ –	•	• ⓗ	(se abre/se cierra) guion.

2.5.I. Cierra el libro y trabaja con un compañero. El profesor os va a mostrar un texto para hacer un dictado de carreras.

2.5.2. Comparad vuestro texto con el original, ¿hay muchas diferencias?

La ciudad de Cusco **está** en el sur de Perú en la cordillera de los Andes y **es** el principal centro turístico del país. En 1983 **fue** declarada Patrimonio de la Humanidad por su antigüedad e importancia. A lo largo de los siglos ha sufrido diferentes cambios en su estructura urbana y ahora **está hecha** toda una ciudad moderna, con sus ventajas e inconvenientes. Aunque el gobierno siempre **ha estado** con el turismo, muchos habitantes **son** agricultores.

Se dice que la antigua ciudad inca tenía forma de puma, sus calles **eran** estrechas y rectas. Las paredes de los edificios del centro **eran** de piedra y en los suburbios **estaban** hechas de adobe. La vida en la ciudad giraba alrededor de su gran plaza que **estaba** dividida en dos partes: una más religiosa y ceremonial y otra más festiva donde los habitantes **estaban** siempre contentos. En la actualidad muchas de las grandes fiestas **son** en esta Plaza de Armas, por ejemplo el *Inti Raymi* (Fiesta del Sol) **es** el 24 de junio y celebra el solsticio de invierno.

2.5.3. Ya conoces algunos usos de los verbos *ser* y *estar*, vamos a recordarlos. Observa los ejemplos de este cuadro y clasifica las frases en negrita del texto anterior.

Usos de *ser* y *estar*

El verbo *ser* se utiliza para:	El verbo *estar* se utiliza para:

1. Describir una propiedad intrínseca al sujeto (carácter, físico, forma...).
  a. *Este presidente es muy carismático.*
  b. ....
	1. Describir una circunstancia o estado del sujeto (incluida también la expresión *estar de* + profesión o cargo profesional).
	  a. *El centro de Madrid ha cambiado mucho, ahora está muy bonito.*
	  b. ....

2. Localizar en el espacio y el tiempo un suceso o acontecimiento, equivale a *ocurrir, tener lugar*.
  c. *Las manifestaciones contra el proyecto fueron en todas las grandes ciudades el verano pasado.*
  d. ....
  e. ....
	2. Localizar en el espacio, equivale al verbo *encontrarse*.
	  c. *Nicaragua está cerca de Honduras.*
	  d. ....

Continúa ▶

Unidad 3

El verbo *ser* se utiliza para:	El verbo *estar* se utiliza para:

3. Situarse en el tiempo.
 	
   f. *Hoy es jueves y son las diez de la mañana.*
	3. Situarse en el tiempo con la expresión coloquial *estamos a/en...*
	
	   e. *Aunque estamos en invierno no hace mucho frío.*

4. Expresar la identidad (A=B): los dos miembros de la oración son equivalentes.
 	
   g. *La capital de Bolivia es La Paz.*
   h. ....
	4. *Estar* + participio: expresa el resultado de una acción anterior (incluida también la expresión *estar hecho/a de* + material).
	
	   f. *La plaza está totalmente cubierta con arena.*
	   g. ....
	   h. ....

5. Expresar pertenencia a un grupo (profesión, ideología, nacionalidad...).
 	
   i. *La mayoría de los hispanos son católicos.*
   j. ....
	5. *Estar con* + sustantivo: puede referirse a la compañía o a un apoyo moral.
	
	   i. *Todo el sur está con los independentistas.*
	   j. ....

6. *Ser* + participio: expresa la voz pasiva.
 	
   k. *Cada año Cusco es visitada por millones de turistas.*
   l. ....
	6. *Estar hecho/a* + (*todo/a un/a*) sustantivo: expresa el resultado de un cambio y tiene sentido irónico o exclamativo.
	
	   k. *Enrique Iglesias empezó a cantar siendo el "hijo de" y ahora está hecho todo un ídolo de masas por sí mismo.*
	   l. ....

7. *Ser de* + sustantivo: este sustantivo puede referirse a un material, al origen o a la pertenencia.
 	
   m. *Este maíz es de la región andina.*
   n. ....
	Recuerda...
	
	El verbo *ser* no puede combinarse con adverbios o el gerundio. En esos casos se utiliza *estar*.
	  – ~~Soy estudiando español~~ → Estoy estudiando español.
	  – ~~Esta actividad es muy bien~~ → Esta actividad está muy bien.

2.6. ✏️ **Completa estas frases con una forma adecuada de *ser* o *estar*.**

[1] Muchos de sus habitantes .... de origen italiano.

[2] El festival de la cerveza cusqueña .... en mayo.

[3] El calendario maya, creado hace más de 20 siglos, ... muy sofisticado.

[4] La fiesta nacional .... el 20 de julio, día en que celebran su independencia.

[5] El estado más turístico .... Yucatán.

[6] Durante 69 días todo el país .... preocupado por los mineros que se quedaron encerrados en el yacimiento de San José.

[7] Alejandro Toledo .... el primer presidente indígena de su país.

[8] El Parque Nacional de Tortuguero .... en el noreste del país.

[9] La pirámide de Chichen Itza .... construida por los mayas.

[10] Muchos agricultores .... productores de café.

[11] .... en el siglo XXI, pero la población andina conserva sus costumbres más ancestrales.

[12] Los habitantes .... morenos, de pelo liso y chaparritos.

[13] Más de la mitad de la población .... con los ecologistas para conservar la Patagonia.

[14] La montaña de Machu Picchu .... situada en la cordillera andina.

[15] Los moáis .... de piedra monolítica.

[16] En la actual ciudad de Batabanó .... San Cristóbal de la Habana.

2.6.1. Vuelve a leer las frases de la actividad anterior y piensa con qué lugar de América Latina podrías relacionarlo. Discútelo con un compañero.

Ej. – Yo creo que muchos italianos emigraron al sur del continente americano, así que me parece que...

2.7. ¿Qué sabes sobre Cuba? Responde oralmente con un compañero a las preguntas que sepáis.

[1] ¿En qué mar está Cuba?
[2] ¿Qué atractivos tiene la isla?
[3] ¿Cuáles son las dos ciudades más importantes?
[4] ¿Cuál es el lugar preferido de los habaneros?
[5] ¿Por qué es famoso Varadero?
[6] ¿Cómo son las playas y los fondos marinos cubanos?
[7] ¿Qué se produce en Pinar del Río?
[8] ¿Dónde está el Valle de Viñales?

2.7.1. Lee este texto sobre Cuba y comprueba vuestras respuestas anteriores.

En medio del Mar Caribe junto al Trópico de Cáncer **se encuentra** una de las islas con más encanto del mundo, Cuba. En su capital, La Habana, está la esencia del país. Tanto el colorido de sus casas como la alegría de sus habitantes ejercen una atracción casi mágica sobre los que la visitan. **En su interior** la isla guarda verdaderos paraísos naturales, tiene más de cien áreas naturales protegidas.

La Habana es una de las ciudades más antiguas del continente, se fundó en 1515, y en ella se distinguen dos zonas principales: La Habana Vieja y La Habana Moderna. La primera tiene un importante conjunto arquitectónico de la época en que los colonizadores españoles **se instalaron** allí y en la segunda **se halla** el lugar favorito de los habaneros, el Malecón.

Otro de los grandes atractivos de la isla son sin duda sus playas, Varadero **está situado a menos de 150 kilómetros** de la capital. Allí las playas son largas, de blanca y fina arena y de aguas turquesas. **En la orilla del mar se encuentran** numerosas palmeras. **Al otro lado de** la costa caribeña está Trinidad, ciudad con bellas construcciones coloniales por las que fue declarada Patrimonio de la Humanidad. Además, **a lo largo de** la costa norte hay numerosos cayos con preciosos fondos marinos donde destacan las barreras de corales, es el lugar perfecto para los deportes submarinos.

En el extremo más oriental de la isla, rodeada de montañas, **se halla** Santiago de Cuba, segunda ciudad en importancia del país. Es considerada la cuna de la revolución y del son cubano. En un parque nacional **cercano** podemos encontrar la Gran Laguna de Baconao.

Justo **en el otro extremo**, **limitando al este con** La Habana y **unida a** ella por carretera y ferrocarril, está la provincia de Pinar del Río, que es una de las mejores tierras del tabaco. Bastante cerca de su capital **queda** el famoso Valle de Viñales, uno de los paisajes más singulares de Cuba donde se puede contemplar cuevas con ríos subterráneos y unas formaciones montañosas muy originales.

2.7.2. [R] En el texto anterior hay algunas palabras y expresiones resaltadas que sirven para expresar la localización. Utilízalas para completar este cuadro.

Localización

■ Además del verbo *estar*, para localizar se pueden utilizar los siguientes verbos:

a. encontrarse

b. ....

c. ....

d. instalarse

e. ....

■ Para determinar el lugar se utiliza:

1. en .... (de)
2. en lo alto (de)
3. en el interior (de)
4. en la .... /el límite/la frontera (de)
5. en el extremo (de)
6. a lo .... de
7. al otro lado de
8. a 70 kilómetros (de)
9. unido/a (a)
10. .... /a (de) ↔ lejano/a (de)
11. alejado/a (de) ≈ aislado /a (de)
12. al norte/sur/este/oeste (con)

2.8. Observa este mapa y escribe cinco frases utilizando el vocabulario de localización de 2.7.2.

[1] Uruguay se encuentra en América del Sur. ....

[2] ....

[3] ....

[4] ....

[5] ....

[6] ....

URUGUAY

Río Uruguay · Artigas · BRASIL
ARTIGAS
Rivera
ARGENTINA · Salto · SALTO · RIVERA
Tacuarembó · Río Negro
PAYSANDÚ · TACUAREMBÓ · Melo
Paysandú · CERRO LARGO
Laguna Merín
RÍO NEGRO · DURAZNO · TREINTA Y TRES
Fray Bentos · Río Negro · Treinta y tres
Mercedes · FLORES · Durazno
SORIANO · Trinidad · FLORIDA · ROCHA
Río Uruguay · LAVALLEJA
COLONIA · Florida
San José de Mayo · Minas · Rocha
Colonia del Sacramento · Canelones
SAN JOSÉ · CANELONES
MONTEVIDEO · MALDONADO
Montevideo · Maldonado
RÍO DE PLATA · OCÉANO ATLÁNTICO

2.8.1. Compara tus frases con un compañero, ¿tenéis alguna igual?

2.9. ¿Qué lugares del mundo hispano conoces? Coméntalo con tu compañero.

Ej. – Yo he estado una vez en Nicaragua y (no) me gustó...
– Pues yo nunca he estado en Sudamérica, pero el otro día vi un documental sobre...

2.9.1. Vamos a hacer un póster con fotos de paisajes hispanos. Para ello sigue estas instrucciones:

1. Piensa en algún lugar de Hispanoamérica o España que te haya gustado.
2. Busca una foto de su paisaje.
3. Escribe un texto con las características más singulares de ese lugar.
4. Elaborad un póster con los textos y las fotos.

3 Los nuevos mundos modernos

3.1. Lee estas preguntas y comenta con la clase tus opiniones.

[1] ¿Qué partes del mundo crees que tienen las estructuras arquitectónicas más modernas?

[2] ¿Qué ciudades o países han sufrido un desarrollo importante en las últimas décadas?

[3] ¿A qué crees que se debe el desarrollo de algunas ciudades asiáticas o árabes?

[4] Se conoce a Nueva York como la ciudad de los rascacielos, ¿piensas que en la actualidad hay otras ciudades que merecen más ese calificativo?

3.2. Uno de los lugares del mundo que más ha cambiado es Dubái. Escucha esta conversación entre dos españolas (una de ellas vive en Dubái) para completar la columna "después del cambio".

Antes del cambio	Después del cambio	Verbo que utiliza para expresar el cambio
a. Dubái era un desierto.	1.	1. ....
b. Mirando sus horizontes solo se veía mar y arena.	2. Horizontes irreconocibles de rascacielos, archipiélagos artificiales y atracciones de parques temáticos.	2. ....
c. 65 000 millones de dólares.	3.	3. convertir a
d. La antigua ciudad de Dubái.	4.	4. volverse
e. Antes no había petróleo.	5. Después del hallazgo, el Emirato más rico y poderoso.	5. ....
f. Dubái tenía una bahía.	6.	6. ....
g. La piel de los turistas está blanca.	7. Los turistas están morenos.	7. ....
h. Las arenas de las dunas son de color claro.	8.	8. ponerse
i. Los turistas están despiertos en la cama de su hotel contemplando el paisaje.	9.	9. ....

3.2.1. Vuelve a escuchar y fíjate en qué verbo se utiliza en cada ocasión para expresar el cambio. Escríbelo en la columna correspondiente.

3.2.2. **R** Lee estas explicaciones y relaciónalas con los verbos anteriores. Escribe cada uno en el espacio adecuado.

Verbos de cambio

1. .... en/a + sustantivo	Cambio de una cualidad, normalmente no buscado por el sujeto. Se utiliza la preposición *en* para hablar de transformaciones y la preposición *a* para los cambios de religión o unidades de medidas (moneda, longitud, tiempo...).
2. .... + adjetivo	Cambio espontáneo y transitorio de una circunstancia o estado (anímico, físico...) del sujeto. Se puede relacionar con el verbo *estar*.
3. .... + adjetivo	Cambio de una propiedad intrínseca (carácter, ideología, aspecto...) del sujeto, normalmente es un cambio llamativo. Se puede relacionar con el verbo *ser*.
4. .... + adjetivo/sustantivo	Cambio de una cualidad buscado por el sujeto.
5. .... + adjetivo/sintagma preposicional (*sin palabras, de piedra...*)	Cambio de estado, generalmente consecuencia de un proceso.

Recuerda...

Ponerse, como verbo de cambio, se puede utilizar también con las comparaciones estereotipadas (*ponerse como una fiera/como un energúmeno...*).

3.3. El profesor te va a dar una ficha. Completa los verbos de la columna de la derecha con la palabra o expresión que te parezca más adecuada en cada caso.

3.3.1. Poneos en tríos y comenzad la actividad con las instrucciones del profesor.

3.4. El profesor te va a dar una ficha con situaciones de cambios. Completa las frases con un verbo de cambio adecuado e imagina los cambios que se podrían producir en las otras situaciones. Escríbelo en el espacio.

3.4.1. Habla con tu compañero para saber si habéis acertado con vuestras suposiciones.

3.5. ¿Conoces otros lugares que hayan sufrido cambios tan significativos como Dubái? Coméntalo con tu compañero, las fotos que va a mostrar tu profesor te pueden ayudar.

3.6. Vamos a preparar un concurso sobre los temas que han salido en la unidad. Poneos en grupos para completar estas preguntas.

[1] ¿Qué ciudad tiene el/la .... más .... del mundo?
[2] ¿Dónde está ....?
[3] ¿Cómo se llama el/la .... que está en ....?
[4] ¿Dónde/cuándo se celebra ....?
[5] ¿Qué tiempo hace si ....?
[6] ¿Qué significa la expresión ....?
[7] ¿Qué había en .... y se convirtió en .... después de ....?
[8] ¿.....................................?

3.6.1. Haced vuestras preguntas a los otros grupos, ¿quién ha obtenido más puntos?

4.1. Lee la siguiente frase y comenta con la clase qué te sugiere o evoca.

Ciudad más austral del planeta: fin del mundo, principio de todo.

4.1.1. Lee este texto descriptivo y escribe delante de cada párrafo la frase que lo identifica.

A Se habla de la historia y se explican los cambios producidos.

B Se describe el clima.

C Se identifica el lugar, dónde está y las características más relevantes.

D Se explica cómo es, qué tiene y qué evoca.

1 ☐ Ushuaia es una ciudad argentina, capital de Tierra de Fuego, Antártida e Islas Atlántico Sur. Está situada en el extremo sur de Argentina, a orillas del Canal Beagle y rodeada por los Montes Martial. Debido a esta ubicación estratégica, es el lugar más próximo y adecuado para acceder a la Antártida, continente del que es puerto en la actualidad. La ciudad más austral del mundo, ofrece una combinación única de mar, bosques, montañas y glaciares que sorprende y cautiva a todos los visitantes.

2 ☐ La topografía ha hecho de Ushuaia una pequeña ciudad pintoresca que combina colores y desniveles, todo ello bordeado por un lado por el mar de la Bahía de Ushuaia y por el otro por la cordillera andina cuya silueta corta el cielo y cuyos pies se visten de hermosos bosques. Se dice que es el fin de mundo, pero también que es allí donde comienza la aventura y es que la naturaleza se muestra en su máxima expresión. El que llega a estas tierras se encuentra totalmente fascinado por ese contraste de paisajes. Es una ciudad turística e industrial que cuenta con el segundo puerto más importante del país y un aeropuerto. En la ciudad, rodeada de bosque, se halla la laguna del Diablo, es pequeña y agradable y ofrece un lugar para la práctica del patinaje sobre hielo en la época invernal. El glaciar más importante de la zona es el Martial, que queda a tan solo 7 kilómetros del centro.

3 ☐ Ushuaia, cercana al Círculo Polar Antártico es una ciudad fría y húmeda. Su clima es frío, húmedo todo el año y con bajas temperaturas (media anual de 5,7 ºC). No existe una gran oscilación térmica anual. Los meses más cálidos son los comprendidos entre octubre y mayo. Las temperaturas más altas se dan de diciembre a febrero. La temporada más fría va de finales de mayo a octubre; el invierno, con nieve permanente, es de junio a agosto. Las precipitaciones son frecuentes y constantes y en invierno suelen ser en forma de nieve. Debido a ello un alto porcentaje de días son nublados o brumosos.

4 ☐ Los primeros pobladores de estas tierras eran cazadores y recolectores nómadas que venían del Norte dispuestos a sobrevivir con los recursos naturales que ofrecía el lugar. No obstante, la historia de Ushuaia empezó a dibujarse en 1869 con el establecimiento de una misión anglicana que formó el primer asentamiento no aborigen, muy próximo a lo que luego sería esta ciudad. Antes de 1894 no había calles y solo existía un pequeño caserío que con el paso del tiempo se convirtió en un pueblo con las casas multicolor que existen en la actualidad. A principios del siglo XX era una zona marginal en la que había un centro penitenciario. Paradójicamente fue esto lo que ayudó al desarrollo y al crecimiento de Ushuaia, ya que los presos fueron utilizados para los trabajos de construcción de las calles, puentes y edificios. Había una línea de ferrocarril que llevaba a los campos de trabajo situados en el actual Parque Nacional Tierra de Fuego. La prisión se cerró en 1947 y Ushuaia siguió creciendo, pasó de algo más de 2 000 habitantes a unos 50 000 a principios de este siglo.

4.2. Piensa en el lugar que te gustaría describir. Escribe un texto descriptivo siguiendo la estructura de 4.1.1. Recomendaciones:

- Revisa las características del texto descriptivo (unidad 1).
- Recuerda los marcadores discursivos (unidad 1).
- Busca información sobre el lugar y selecciona lo más importante.
- Organiza la información siguiendo la "fotografía" o "videoclip" que has hecho en tu cabeza sobre el lugar.

Unidad 3

Unidad 4

Literatura y cine contemporáneo

Tareas:
- Otorgar un premio al mayor aficionado a la lectura de la clase.
- Recitar poemas.
- Musicalizar una poesía.
- Escribir un microrrelato.
- Elegir tres libros que han marcado su vida.
- Decidir quién es el grupo más cinéfilo de la clase.
- Escribir un poema dadaísta.

Contenidos funcionales:
- Hablar de hábitos de lectura y gustos literarios.
- Narrar novelas.
- Hablar de gustos cinematográficos.
- Describir y comentar una película.

Contenidos lingüísticos:
- Oraciones relativas: *cuyo/a, en el que, lo cual...*
- Usos del gerundio.
- Tildes: reglas de ortografía.
- La coma.

Contenidos léxicos:
- *Nostalgia* y sus sinónimos.
- Adjetivos con valor superlativo.
- Adjetivos para calificar el estilo de un escritor.
- Léxico del cine.

Contenidos culturales:
- Autores y obras literarias en lengua castellana de la segunda mitad del siglo XX.
- Personajes y obras del cine hispano del siglo XX.
- Micropoesía y microrrelatos.

I De poesía

1.1. Contesta el siguiente cuestionario sobre tus hábitos de lectura y complétalo con dos preguntas más que harás a tus compañeros.

1. ¿Cuál es el último libro que has leído?

2. ¿Cuántas horas dedicas a la semana a la lectura?

3. ¿Qué sueles leer?, ¿cuál es tu género favorito?

4. Si empiezas un libro y no te gusta, ¿qué haces?

5. ¿Recuerdas tus lecturas de la infancia?

6. ¿Cuántas poesías serías capaz de recitar de memoria?

7. ¿Quién es tu autor favorito?

8. ¿Puedes decir el nombre de seis escritores contemporáneos de tu país? ¿Y de cuatro poetas?

9. ....

10. ....

Puntúa de 1 a 5 tu afición a leer.

1.1.1. Poned en común las respuestas y entre todos decidid quién es la persona más aficionada a la lectura de la clase.

***Poema 20** es una de las poesías del chileno Pablo Neruda que se halla en la memoria de millones de lectores. Preparad su lectura en voz alta por grupos y comentad qué versos os han gustado más.*

A Puedo escribir los versos más tristes esta noche.
Escribir, por ejemplo: «La noche está estrellada,
y tiritan, azules, los astros, a lo lejos».
El viento de la noche gira en el cielo y canta.
Puedo escribir los versos más tristes esta noche.
Yo la quise, y a veces ella también me quiso.
En las noches como esta la tuve entre mis brazos.
La besé tantas veces bajo el cielo infinito.

B Ella me quiso, a veces yo también la quería.
Cómo no haber amado sus grandes ojos fijos.
Puedo escribir los versos más tristes esta noche.
Pensar que no la tengo. Sentir que la he perdido.
Oír la noche inmensa, más inmensa sin ella.
Y el verso cae al alma como al pasto el rocío.
Qué importa que mi amor no pudiera guardarla.
La noche está estrellada y ella no está conmigo.

C Eso es todo. A lo lejos alguien canta. A lo lejos.
Mi alma no se contenta con haberla perdido.
Como para acercarla mi mirada la busca.
Mi corazón la busca, y ella no está conmigo.
La misma noche que hace blanquear los mismos árboles.
Nosotros, los de entonces, ya no somos los mismos.
Ya no la quiero, es cierto, pero cuánto la quise.
Mi voz buscaba el viento para tocar su oído.

D De otro. Será de otro. Como antes de mis besos.
Su voz, su cuerpo claro. Sus ojos infinitos.
Ya no la quiero, es cierto, pero tal vez la quiero.
Es tan corto el amor, y es tan largo el olvido.
Porque en noches como esta la tuve entre mis brazos,
Mi alma no se contenta con haberla perdido.
Aunque este sea el último dolor que ella me causa,
y estos sean los últimos versos que yo le escribo.

1.2.1. **Lee los siguientes poemas e inserta en los huecos los versos que faltan: ¿qué título pondrías a cada uno de ellos?**

1

*Las montañas cristalizan en mil años
y el mar gana un centímetro a la tierra*

a. ....
*horada el viento la roca
en cuatro siglos
y la lluvia, también la lluvia
se toma su tiempo para caer.*

b. ....
*que suspira por una obra duradera.
Como el viento,
como la lluvia,
también mi corazón
se toma su tiempo para caer.*

Luisa Castro

2

*Aquí tenéis, en canto y alma, al hombre
aquel que amó, vivió, murió por dentro
y un buen día bajó a la calle: entonces*

c. ....
*Así es, así fue. Salió una noche
echando espuma por los ojos, ebrio
de amor, huyendo sin saber adónde:
a donde el aire no apestase a muerto.
Tiendas de paz, brizados pabellones,
eran sus brazos, como llama al viento;
olas de sangre contra el pecho, enormes
olas de odio, ved, por todo el cuerpo.*

d. ....
*en vuelo horizontal cruzan el cielo;
horribles peces de metal recorren
las espaldas del mar, de puerto a puerto.
Yo doy todos mis versos por un hombre
en paz. Aquí tenéis, en carne y hueso,
mi última voluntad. Bilbao, a once
de abril, cincuenta y tantos.*

Blas de Otero

Continúa ▶

Unidad 4

3

Prometo escribiros, pañuelos que se pierden en el horizonte, risas que palidecen, rostros que caen sin peso sobre la hierba húmeda, donde las arañas tejen ahora sus azules telas. En la casa del bosque crujen, de noche, las viejas maderas, e. .... entra solo la luna a través de las grietas. Los espejos silenciosos, ahora, qué grotescos, envenenados peines, manzanas, maleficios, qué olor a cerrado, ahora, qué grotescos. Os echaré de menos, nunca os olvidaré. f. .... A lo lejos se oyen golpes secos, uno tras otro los árboles se derrumban. Está en venta el jardín de los cerezos.

Leopoldo María Panero

¡Aquí! ¡Llegad! ¡Ay! Ángeles atroces, ■ Sé paciente, con mi corazón cada dos milenios, ■ el viento agita raídos cortinajes, comprendió: y rompió todos sus versos. ■ Pañuelos que se pierden en el horizonte.

1.2.2. **Estos poemas pertenecen a autores relevantes de movimientos literarios de la segunda mitad del siglo XX. Leed los textos que os dará el profesor y completad el esquema con la información obtenida.**

Época	Características del movimiento literario	Autor/a + Datos biográficos

1.3. **Todos los poemas anteriores comparten un sentimiento en común: la nostalgia. Mira los siguientes sustantivos que tienen un significado semejante y completa los enunciados eligiendo el más apropiado. En algunos casos precisas de su forma verbal.**

nostalgia ■ evocación ■ añoranza ■ recuerdo ■ melancolía ■ meditación ■ rememoración

1. El libro es una .... de la España imperial.

2. Tengo un maravilloso .... de mi infancia.

3. A sus 90 años se deleitaba .... sus momentos de juventud.

4. Mirando el atardecer frente al mar se dejaba invadir por la ....

5. Sentía una enorme .... al recordar el país del que tuvo que salir huyendo.

6. Me entra una gran .... de la época de la universidad cada vez que te veo y .... aquellos momentos tan divertidos.

7. Su obra es fruto de una pormenorizada .... acerca de los convulsos tiempos que vivimos.

1.3.1. ***La poesía es un arma cargada de futuro. La micropoesía es un arma cargada de pasado imperfecto. (Muy imperfecto).*** **Así reza uno de los micropoemas, auténticos *haikus*, de la poetisa madrileña Ajo. Elige uno y memorízalo.**

MICROPOEMAS 2

AJO

• Siempre siempre siempre siempre siempre siempre siempre siempre siempre siempre y aún así me parece poco.

• Teníamos veinte años y nos volvimos locos el uno por el otro. Hoy con... cuarenta seguimos locos aunque ya cada uno por su cuenta.

• Un día va y se me rompe mi juguete favorito sin avisar, duró lo que quiso. Tenía un problema mi juguete favorito, el problema que tenía es que no era mío.

• Bastante tiene una con lo que no tiene.

Continúa ▷

- Desordenando la felicidad me encontré con la vida.
- Compré apio en la frutería (opio no tenían); tuve que tomarme un pepito de ternera (de ternura no quedaban ya). Ahora busco mojama sin parar porque dicen que sabe a-mar.
- Una vez más no tengo apetito, es una pena que no se puedan fumar ni las lentejas ni los bocadillos.
- Qué ganas me dieron anoche de desenchufar la luna y salir corriendo a la calle para quejarme a oscuras.
- Compromiso: primera persona del singular del presente de indicativo del verbo comprar miso.

1.4. Escucha estos dos poemas y ve dibujando todo lo que te venga a la mente. Luego, en grupos, comparad los resultados finales y discutid su posible relación con el texto.

1.4.1. La poesía se caracteriza por su precisión lingüística. Busca adjetivos con valor superlativo que, sin cuantificar, sustituyan a la fórmula *muy* + adjetivo relacionando los elementos de las dos columnas.

1 Cultura muy grande.	•	• a torrencial
2 Viento muy violento.	•	• b huracanado
3 Decisión muy dura de tomar.	•	• c derrochadora
4 Comida muy abundante.	•	• d copiosa
5 Peligro muy inmediato.	•	• e inminente
6 Estar muy cansado/a.	•	• f basta
7 Lluvia muy intensa.	•	• g vasta
8 Persona muy ordinaria.	•	• h suculenta
9 Comida muy rica.	•	• i exhausto/a
10 Persona muy gastadora.	•	• j ardua

1.5. El poema "Palabras para Julia" del español José Agustín Goytisolo, escrito en 1979, ha sido inmortalizado en su versión musical. Escúchalo y ponte de pie cada vez que oigas las siguientes palabras:

- empuja
- polvo
- aquí me quedo
- acuérdate
- acorralada
- pensando en ti
- a pesar de los pesares
- haber nacido

1.5.1. En grupos, vais a versionar la canción. Elegid dos estrofas, completad la letra y pensad en la música con la que lo vais a cantar: *pop*, *rock*, *rap*, *tecno*, etc.

A Tú no puedes ....
porque ....,
..............................,
interminable.

Te sentirás ....,
te sentirás, ...,
tal vez ....,
no haber nacido.

(ESTRIBILLO)
Pero tú siempre ....,
....

B La vida ....
..............................,
..............................,
tendrás amigos.

Un hombre ....,
..............................,
..............................,
no son nada.

(ESTRIBILLO)
Pero tú siempre ....,
....

2 De novela

2.1. Mira las siguientes portadas de libros y comenta con tu compañero de qué pueden tratar.

2.1.1. Lee los argumentos de las obras anteriores, identifícalos con su portada y explícale a tu compañero cuál de ellas te apetecería leer.

1 Publicada en 1967, *Cien años de soledad* relata el origen, la evolución y la ruina de Macondo, aldea imaginaria **donde** la historia de la estirpe de los Buendía se extiende por más de cien años a través de seis generaciones. La crónica de los Buendía, **que** acumula una gran cantidad de episodios fantásticos, divertidos y violentos, y la de Macondo, desde su fundación hasta su fin, representan el ciclo completo de una cultura y un mundo. Los personajes, **cuya** soledad es provocada por las condiciones de vida y no por las angustias existenciales del individuo, viven inmersos en un clima de violencia. Inscrita en la tradición del realismo mágico **en el que** lo insólito (levitaciones, premoniciones, lo extrasensorial) da lugar a una atmósfera mágica **que** atenúa la miseria social y humana.

2 *En los reinos de taifa* (1976) es el segundo volumen de las memorias de Juan Goytisolo iniciadas en *Coto vedado*. El autor nos cuenta su peripecia vital desde que se instaló en París en casa de Monique Lange en 1956, momento a partir **del cual** comienzan sus viajes, estancias y vivencias del autor por diferentes países como Francia, Cuba, la Unión Soviética y África, **donde** se instalará definitivamente seducido por la cultura magrebí.

3 *Los detectives salvajes* (1998) es la historia de Arturo Belano y Ulises Lima, **quienes** salen a buscar las huellas de Cesárea Tinajero, la misteriosa escritora desaparecida en México en los años inmediatamente posteriores a la Revolución, y esa búsqueda, el viaje y sus consecuencias se prolonga durante veinte años **en los que** viviremos amores y muertes, asesinatos y fugas turísticas, manicomios y universidades, desapariciones y apariciones, todo ello descrito con un humor iconoclasta y feroz. Entre los personajes, un fotógrafo español en el último escalón de la desesperación, un neonazi *borderline*, un torero mexicano jubilado que vive en el desierto, una estudiante francesa lectora de Sade…

4 Publicada en 2011, *Los enamoramientos* es la novela **en la que** Julián Marías reflexiona sobre el estado de enamoramiento, considerado casi universalmente como algo positivo e incluso redentor a veces, y que parece justificar casi todo: las acciones nobles y desinteresadas, pero también las mayores ruindades. *Los enamoramientos* es también un libro sobre la impunidad y sobre la horrible fuerza de los hechos; sobre la inconveniencia de que los muertos pudieran volver y sobre la imposibilidad de saber nunca la verdad cabalmente, ni siquiera la de nuestro pensamiento, oscilante y variable siempre.

5 En *La fiesta del Chivo* (2000) se presenta un doble retorno narrado en tres historias **que** se entrelazan magistralmente entre sí. Mientras Urania visita a su padre en Santo Domingo, después de haber estado ausente 35 años, regresamos a 1961, cuando la capital dominicana era dominada por Trujillo: por un lado observamos de cerca el mundo del dictador apodado el Chivo y por el otro, las experiencias y vivencias de un grupo de inconformes con el régimen dictatorial que decidieron tomar la justicia en sus manos, **lo cual** acabó con la vida del tirano.

R **Observa las partículas relativas de los textos y completa el cuadro con los ejemplos.**

▶ Los pronombres relativos

Se usan para unir dos cláusulas y, debido a su valor anafórico, deben colocarse inmediatamente después del elemento al cual remiten y modifican: el antecedente. Habitualmente, el antecedente de un relativo es un nombre, pero también pueden ocupar esta posición los pronombres personales, los adverbios pronominales y las oraciones.

1. *Que* es el de más uso porque se refiere a personas y/o a cosas.

....

2. *El que/los que/las que/las que* se refieren a un nombre ya mencionado y se usan para evitar la repetición del sustantivo.

....

3. *Lo que/cual* se usa para referirse a ideas, acciones o conceptos. Nunca se refiere a sustantivos. Tiene aproximadamente el mismo significado que *la cosa que* o *la acción que*.

....

4. El uso de los pronombres relativos *el cual/los cuales/la cual/las cuales* generalmente se limita a un sentido de formalidad. Se puede sustituir el pronombre relativo en la mayoría de los casos.

....

5. *Quien/Quienes* se usan solamente para referirse a personas en cláusulas marcadas por comas. Se puede sustituir el pronombre relativo *que* por *quien* o *quienes*, lo que es de uso más común en el habla corriente.

....

6. Los pronombres relativos *cuyo/cuyos/cuya/cuyas* denotan posesión. Mantienen siempre concordancia con la posesión, nunca con el poseedor.

....

7. *Donde* es un pronombre relativo de lugar. Se puede sustituir por *en el que/en el cual/en la cual/en los cuales/en las cuales*.

....

Fíjate:

■ En un registro coloquial, son frecuentes las construcciones agramaticales en las que se elimina la preposición y el artículo o se sustituye *cuyo/a(s)* por *que*.

— *Una persona que nadie se fía de ella (de la que). /*El niño que el padre es de Valladolid (cuyo)*

■ Nunca llevan tilde.

2.1.3 **Vamos a repasar algunos contenidos de la unidad. Dividid la clase en dos grupos y completad las siguientes preguntas para hacer al grupo contrario: ganará el que más aciertos tenga.**

Equipo A	Equipo B
1. ¿Cómo se llama la escritora .... poema se titulaba *La caída*?	1. ¿Cómo se llama el escritor .... novela más famosa se titula *Cien años de soledad*?
2. Di el nombre de un escritor hispano .... le haya sido otorgado el Premio Nobel de Literatura.	2. Di el nombre del lugar .... se desarrolla la trama de dicha novela.
3. Completa el poema: *"Aquí tenéis, en canto y alma, al hombre* *.................. que amó, vivió, murió por dentro".*	3. Completa el micropoema: *Bastante tiene una .... no tiene.*

2.1.4. Los siguientes adjetivos se usan para calificar el estilo de un escritor. Busca en el diccionario los que no entiendas y colócalos en la columna correspondiente.

ágil ■ brillante ■ hueco ■ claro ■
conciso ■ directo ■ elegante ■ académico
■ afectado ■ amanerado ■ ampuloso ■
barroco ■ sencillo ■ sobrio ■ sublime ■
grandilocuente ■ monótono ■ retorcido ■
fluido ■ efectista ■ preciso ■ puro

Adjetivos con connotación positiva

Adjetivos con connotación negativa

2.2. Lee el siguiente texto literario y coloca las tildes y comas necesarias. ¿Cómo definirías el estilo del autor? Usa los adjetivos anteriores para hablar de ello.

El abuelo

Un hombre que se llama Amando nacido en un pueblo que se llama Salitre en la costa del Ecuador me regalo la historia de su abuelo.

Los tataranietos se turnaban haciendole la guardia. En la puerta le habian puesto candado y cadena. Don Segundo Hidalgo decia que de ahi le venian los achaques:

– *Tengo reuma de gato cansado* –se quejaba.

A los cien años cumplidos Don Segundo aprovechaba cualquier descuido montaba en pelo y se escapaba a buscar novias por ahi. Nadie sabia tanto de mujeres y de caballos. El habia poblado esa aldea de Salitre y la comarca y la region desde que fue padre por primera vez a los trece años.

El abuelo confesaba trescientas mujeres aunque todo el mundo sabia que habian sido mas de cuatrocientas. Pero una una que se llamaba Blanquita habia sido la mas mujer de todas.

Hacia treinta años que habia muerto Blanquita y el la convocaba todavia a la hora del crepusculo. Amando el nieto el que me regalo esta historia se escondia y espiaba la ceremonia secreta. En el balcon iluminado por la ultima luz el abuelo abria una talquera de otros tiempos una caja redonda de aquellas con angeles rosaditos en la tapa y se llevaba el algodon a la nariz:

– *Creo que te conozco* –murmuraba aspirando el leve perfume de aquel polvo–. Creo que te conozco.

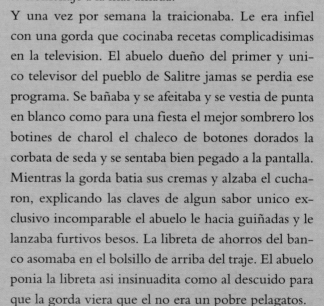

Y muy suavemente se balanceaba dormitando murmullos en la mecedora.

Al atardecer de cada dia el abuelo cumplia su homenaje a la mas amada.

Y una vez por semana la traicionaba. Le era infiel con una gorda que cocinaba recetas complicadisimas en la television. El abuelo dueño del primer y unico televisor del pueblo de Salitre jamas se perdia ese programa. Se bañaba y se afeitaba y se vestia de punta en blanco como para una fiesta el mejor sombrero los botines de charol el chaleco de botones dorados la corbata de seda y se sentaba bien pegado a la pantalla. Mientras la gorda batia sus cremas y alzaba el cucharon, explicando las claves de algun sabor unico exclusivo incomparable el abuelo le hacia guiñadas y le lanzaba furtivos besos. La libreta de ahorros del banco asomaba en el bolsillo de arriba del traje. El abuelo ponia la libreta asi insinuadita como al descuido para que la gorda viera que el no era un pobre pelagatos.

EDUARDO GALEANO: *El libro de los abrazos.*

2.2.1. Lee el texto y corrige los errores que tengas.

2.2.2. En equipos, contestad si las siguientes afirmaciones son verdaderas o falsas: cada respuesta correcta tendrá un punto. ¿Quién es el equipo vencedor?

Reglas de acentuación

	Verdadero	Falso
1. Las palabras agudas llevan tilde siempre, excepto si terminan en vocal, -n o -s.	☐	☐
2. *Número-numero-numeró* son formas del verbo *numerar*.	☐	☐
3. La abreviatura de *página*, también conserva la tilde: pág.	☐	☐
4. No sé *cuál* me gusta más (es una interrogativa indirecta y por tanto mantiene la tilde).	☐	☐
5. Me dijo que *cuanto* me quería (exclamativa indirecta que pierde la tilde).	☐	☐
6. Las palabras compuestas siguen la regla general: *decimoséptimo*.	☐	☐
7. *Solo/sólo* mantienen su tilde diacrítica.	☐	☐
8. La "o" ya no lleva tilde entre cifras: *8 o 9*.	☐	☐
9. ¿Qué coche te gusta? Este o este: ya no llevan tilde los pronombres demostrativos.	☐	☐
10. Las palabras adaptadas de otra lengua nunca llevan tilde: *sandwich*.	☐	☐

2.2.3. Vuelve a leer el texto e intenta descubrir el significado de algunas palabras: escribe su definición con ayuda de tu compañero. Compruébalo posteriormente con el profesor.

1. Ser un/a pelagatos: ....

2. Tataranieto/a: ....

3. Un candado: ....

4. Espiar a alguien: ....

5. Una mecedora: ....

6. Un murmullo: ....

7. Una libreta de ahorros: ....

2.2.4. Preparad en grupos la teatralización del cuento de Galeano: repartid los personajes, preparad los diálogos, buscad el vestuario adecuado, nombrad directores, ensayadlo y ¡a representarlo!

2.3. Javier Marías es un escritor famoso también por sus artículos de opinión. En tríos debatid alguna de sus afirmaciones: ¿con cuáles te identificas?, ¿por qué?

Javier Marías

Los enar... ...ntos

En lo único en lo que estoy casi seguro de que nuestra época es peor que otras anteriores es en el nivel de infantilización de las personas y en el nivel de tontería.

No he temido nunca las consecuencias de decir lo que opino de verdad, porque si las temiera no tendría sentido que escribiera en prensa y expresara opiniones.

Nada hay tan aburrido como la introspección o la autoobservación.

Cada vez leo menos novedades, se pierde mucho tiempo en eso.

Yo creo que las lenguas son maltratadas por igual por gentes de todas las edades.

En cuanto al móvil, es un instrumento de control, y aun de esclavización de quienes trabajan… Estar ilocalizable me parece una bendición.

Entrevista en *La Nación*.

2.4. En grupos, elegid el principio de un famoso microrrelato. Debéis terminarlo en un máximo de cinco líneas.

1. En un lejano país existió hace muchos años una oveja negra

....
....
....
....
....
....

2. En un desierto lugar del Irán hay una no muy alta torre de piedra, sin puerta ni ....

....
....
....
....
....

3. Hablaba, y hablaba, y hablaba, y hablaba, y hablaba, y hablaba, y hablaba ....

....
....
....
....
....

2.4.1. Leed vuestras versiones al resto de la clase y comparadlas con el microrrelato original que escucharéis a continuación.

2.5. Lee la siguiente noticia y comenta con tu compañero si a ti podría sucederte algo igual.

El candidato presidencial que no es capaz de citar tres libros que le han marcado

Peña Nieto, político del PRI favorito para las próximas elecciones mexicanas, protagoniza la anécdota del día en la Feria del Libro de Guadalajara

Salvador Camarena | Guadalajara 4 Dic 2011

¿Cuáles son los tres libros que han marcado la vida del candidato puntero de todas las encuestas en México, Enrique Peña Nieto? La respuesta tendrá que esperar a mejor ocasión, porque el aspirante priista a la presidencia no supo contestar de manera clara a esa pregunta que le hizo la prensa la mañana de este sábado en la Feria Internacional del Libro que se desarrolla en esta ciudad. "Definitivamente la Biblia es uno de ellos", contestó Peña Nieto (nacido en 1966). "No la leí toda", agregó. Pero de ahí en adelante, el exgobernador del Estado de México pasó fatigas para recordar títulos o autores y confundió unos con otros. "Mira, realmente no podría señalar un libro que haya marcado mi vida", contestó finalmente.

2.5.1. Y tú, ¿podrías citar tres libros que te han marcado en la vida? Haz una lista, discútela con tus compañeros y, entre todos, elegid las tres obras más votadas por la clase.

[1] ....
[2] ....
[3] ....

3 De cine

3.1. Juega al dominó para trabajar vocabulario de cine y anota debajo las palabras que hayas aprendido.

VOCABULARIO DE CINE:

....

....

3.2. Escribe el nombre de alguna persona de la clase que piensas que cumple las siguientes premisas.

¿Quién crees que...?	Nombre
a. Prefiere las películas en versión original:	....
b. Nunca ve películas en blanco y negro:	....
c. Adora el cine de acción:	....
d. No soporta el cine lento:	....
e. Prefiere leer la novela y no ver su adaptación al cine:	....
f. Ha visto más de cinco películas españolas:	....
g. Come palomitas siempre que va al cine:	....
h. Solo ve películas en casa:	....
i. Prefiere el teatro al cine:	....
j. Le parecen un tostón las películas bélicas:	....
k. Puede recomendarte cuatro directores de cine de su país:	....

3.3. Mira los carteles de las siguientes películas y comenta con tu compañero cuál de ellas te gustaría ver.

Nacionalidad: ....
Año: ....
Director: ....
Protagonistas: ....
Argumento: ....

Nacionalidad: ....
Año: ....
Director: ....
Protagonistas: ....
Argumento: ....

Nacionalidad: ....
Año: ....
Director: ....
Protagonistas: ....
Argumento: ....
....

Nacionalidad: ....
Año: ....
Director: ....
Protagonistas: ....
Argumento: ....
....

Nacionalidad: ....
Año: ....
Director: ....
Protagonistas: ....
Argumento: ....
....

Nacionalidad: ....
Año: ....
Director: ....
Protagonistas: ....
Argumento: ....
....

3.3.1. Lee la información que te va dar tu profesor y completa el cuadro de la película que te corresponda.

3.3.2. Pregunta a tus compañeros por la información de las películas que te faltan y completa el resto de los cuadros.

> **Ej.** – Mirako, por favor, ¿sabes de quién es *Mar adentro*?, ¿de qué va/trata? ...

3.4. Fíjate que en los argumentos anteriores aparecen algunos usos del gerundio: ¿qué sabes sobre esta forma verbal? Compáralo con tu idioma y discute con tus compañeros las diferencias que encontráis.

> **Ej.** – En inglés se usa con el verbo *gustar*, pero en español se usa infinitivo en esos casos.

3.4.1. Lee la información que pondrá el profesor por la clase sobre algunos usos del gerundio y completa el cuadro con un resumen que te ayude a recordarlo.

Usos del gerundio

El gerundio es una forma verbal impersonal que expresa simultaneidad o anterioridad de la acción con el tiempo en que se habla, nunca (1) .... Las normas básicas de uso son las siguientes:

1. En la mayoría de los casos, el sujeto del gerundio debe coincidir con el sujeto de la oración principal.

   – ....

2. ....

   – *Eduardo ha aprobado las Matemáticas copiando.*

3. El gerundio es un modificador del verbo y, por tanto, no puede calificar a un sustantivo.

   – ....

3.5. Mira estas fotos de personajes relevantes del mundo del cine hispano. Lee la información e intenta relacionarla con ellos. Si no lo sabes, pregunta a tus compañeros, que tendrán más información de cada uno.

[**1**][ ] Ha sido la actriz fetiche de Almodóvar desde que empezó su popular carrera de director.

[**2**][ ] Actor gallego ganador de numerosos premios Goya.

[**3**][ ] Directora catalana de cine independiente.

[**4**][ ] Contrajo matrimonio con Javier Bardem.

[**5**][ ] Famosa por poseer una de las miradas más seductoras del cine hispano.

[**6**][ ] Conquistó a los espectadores por su faceta cómica.

 Continúa

[7][ ] Participó en numerosos concursos de televisión con cuyos premios, pudo financiar sus primeros cortometrajes.

[8][ ] En 2006 le fue concedida, junto a Juan José Campanella la nacionalidad española por carta de naturaleza, una concesión especial a personas de particulares méritos.

[9][ ] Sus comienzos en el cine fueron de la mano de Marco Ferreri y Luis García Berlanga, con quien trabajó después en películas tan emblemáticas como *El Verdugo* y en la trilogía *Nacional*.

[10][ ] Lidera, además, un grupo musical.

[11][ ] Es un peso pesado de la industria publicitaria y ha obtenido numerosos premios en este campo.

[12][ ] Su película *Elegy* está basada en una novela de Philip Roth.

[13][ ] Su nombre deriva del título de una de las canciones preferidas de sus padres.

[14][ ] En la década de los 80 salta definitivamente a la fama como parte de los "galancitos", un grupo de jóvenes actores que trasladaron éxitos televisivos al mundo del teatro.

[15][ ] La fama le llegó con su primer largometraje, *Torrente, el brazo tonto de la ley*, una de las películas más taquilleras del cine español.

3.5.1. **Piensa en personajes famosos del mundo del cine de tu país o extranjeros. Busca información sobre ellos y preséntala desordenada para que tu compañero adivine de quién se trata.**

3.5.2. **¿Sabes mucho de cine? Tenéis diez minutos para contestar en grupo a estas preguntas consultando toda la información que necesitéis en Internet. Completad tres preguntas más para hacer a vuestros compañeros. Al final, decidiréis quién es el grupo más cinéfilo de la clase.**

1. ¿De quién es la película *Deseando amar*?

2. ¿Qué director de cine ha ganado cinco premios Óscar, pero solo ha ido a recoger uno de ellos?

3. ¿Quién inventó el cinematógrafo?

4. ¿Quién dirigió *El Padrino*?

5. ¿Qué actriz está casada con Tim Burton?

6. ¿Qué teorías hay acerca de la muerte de Marilyn Monroe?

7. ¿Qué película muda y en blanco y negro ganó el Óscar a la mejor película extranjera en 2012?

8. ¿Qué película ahora en cartelera trata de ....?

9. ¿Quién es el/la protagonista de la película ....?

10. ¿A qué película pertenece la canción ....?

4 Textos

4.1. **Vais a participar en la reescritura de un poema, en la realización de un guion a partir de un fragmento narrativo de una famosa novela o en la creación de un poema dadaísta. Formad tres grupos y elegid el tipo de texto en el que queréis trabajar.**

4.1.1. **Leed las pautas propuestas para cada grupo que os ayudarán en vuestra creación literaria y escribid el texto correspondiente.**

Grupo A

Rescribid un poema de Vicente Huidobro en clave optimista frente a su visión desolada del mundo.

No hay tiempo que perder
Los icebergs que flotan en los ojos de los muertos
Conocen su camino
Ciego sería el que llorara
Las tinieblas del féretro sin límites
Las esperanzas abolidas
Los tormentos cambiados en inscripción de cementerio
Se los rompió un satélite
Aquí yace Matías en su corazón dos escualos se batían
Aquí yace Marcelo mar y cielo en el mismo violoncelo
Aquí yace Susana cansada de pelear contra el olvido

Aquí yace Teresa esa es la tierra que araron sus ojos hoy ocupada por su cuerpo
Aquí yace Angélica anclada en el puerto de sus brazos
Aquí yace Rosario río de rosas hasta el infinito
Aquí yace Raimundo raíces del mundo son sus venas
Aquí yace Clarisa clara risa enclaustrada en la luz
Aquí yace Alejandro antro alejado ala adentro
Aquí yace Gabriel rotos los diques sube en las savias hasta el sueño esperando resurrección
Aquí yace Altazor azor fulminado por la altura
Aquí yace Vicente antipoeta y mago.

(Fragmento del Canto IV de *Altazor*)

Grupo B

Escribid el guion continuación de un fragmento de la novela *El Jarama*, de Rafael Sánchez Ferlosio.

"Paulina la miraba de reojo.
Ahora Carmen se había puesto la blusa por encima del traje de baño, recogiéndola con un nudo a la cintura; estaba tendiendo la falda a secar. Oyó a Daniel que la llamaba. Tenía una pinta divertida, el otro, rascándose la nuca y con la cara toda roja de sueño y las marcas de la tierra que se le habían grabado, como una viruela, en la mejilla. Sacó una voz como asustada:
—¿Dónde se han ido todos?
Carmen se sonreía de verlo así.
—Allí están, hombre —le dijo—, allí están, ¿no los ves?".

❗ **Formas verbales en textos narrativos**

• **Pretérito indefinido:** es el tiempo más usado en la narración, ya que presenta los hechos como sucedidos. Su utilización otorga vivacidad al texto: *Se detuvo un rato a pensar y salió dando un portazo.*

• **Pretérito imperfecto de indicativo:** aporta información complementaria y se emplea también en las descripciones: *Ella llevaba un bonito sombrero que le hacía parecer única entre todos.*

• **Condicional simple:** indica acciones futuras respecto de lo narrado: *Pensé que ella podría sacarle lo que quisiera.*

• **Presente de indicativo:** se utiliza para hacer coincidir el tiempo de los hechos narrados con el tiempo del relato. Como presente histórico, aproxima los acontecimientos al receptor: *Nada puedo hacer, nada está en mi mano, soy un inválido, mis oídos descansan, mi cabeza descansa.*

• **Pretérito pluscuamperfecto de indicativo:** se usa para recordar acciones anteriores a las narradas en pasado: *Había llegado dos minutos antes de que ella lo hiciera.*

Grupo C

Escribid una poesía siguiendo las instrucciones para hacer un poema dadaísta de Tristán Tzara.

» Coja un periódico.
» Coja unas tijeras.
» Escoja en el periódico un artículo de la longitud que quiera darle a su poema.
» Recorte el artículo.
» Recorte en seguida con cuidado cada una de las palabras que forman el artículo y métalas en una bolsa.

» Agítela suavemente.
» Ahora saque cada recorte uno tras otro.
» Copie concienzudamente en el orden en que hayan salido de la bolsa.
» El poema se parecerá a usted. Y es usted un escritor infinitamente original y de una sensibilidad hechizante, aunque incomprendida del vulgo.

4.1.2. **Leed vuestras composiciones al resto de la clase y buscad un rincón en ella para colgarlas.**

Etapas

LIBRO de ejercicios

Etapa 13
Textos

Nivel

B2.4

© Editorial Edinumen, 2013.
© **Equipo Entinema:** Beatriz Coca del Bosque, Anabel de Dios Martín, Berta Sarralde Vizuete, Sonia Eusebio Hermira, Elena Herrero Sanz, Macarena Sagredo Jerónimo. Coordinación: Sonia Eusebio Hermira.
© **Autoras de este material:** Beatriz Coca del Bosque, Elena Herrero Sanz y Macarena Sagredo Jerónimo.

Coordinación editorial:
Mar Menéndez

Diseño y maquetación:
Carlos Yllana

Edición:
David Isa

Fotografías:
Archivo Edinumen

Editorial Edinumen
José Celestino Mutis, 4.
28028 Madrid
Teléfono: 91 308 51 42
Fax: 91 319 93 09
e-mail: edinumen@edinumen.es
www.edinumen.es

Índice de contenidos

Las soluciones y transcripciones de los ejercicios puedes consultarlas en **www.edinumen.es/eleteca**

Unidad I

Relaciones personales

1.1. **Escribe frases que expresen los deseos de estas personas.**

1. Cenicienta tenía una madrastra que la obligaba a hacer las tareas de la casa y la trataba como si fuera una sirvienta.

Ejemplo: A Cenicienta le hubiera gustado que su madrastra la quisiera más y la tratara como a una hija.

2. La madrastra de Blancanieves siempre sintió envidia de la belleza de su hijastra.

....

....

3. El lobo no consiguió acabar con los tres cerditos.

....

....

4. Siempre que Caperucita iba a ver a su abuelita, tenía que atravesar todo el bosque.

....

....

5. Gepeto nunca pudo ser padre.

....

....

6. Cenicienta perdió el zapato de cristal porque le hacía daño y era bastante incómodo.

....

....

1.2. **Selecciona la opción que no es correcta.**

1. Para saludar a alguien que nos encontramos por casualidad usamos:
- ○ **a.** ¡Mujer!
- ○ **b.** ¿Qué tal?
- ○ **c.** ¡Hombre!

2. Para interesarnos por una persona que nos hemos encontrado y que hace mucho que no vemos, usamos:
- ○ **a.** Bueno, y tú ¿qué tal?
- ○ **b.** ¿Eso?
- ○ **c.** Cuéntame.

3. Para reaccionar ante una buena noticias usamos:
- ○ **a.** ¡Qué envidia me das!
- ○ **b.** ¡Qué suerte!
- ○ **c.** ¡Qué pasa!

4. Las frases que normalmente usamos en las despedidas son:
- ○ **a.** Me alegro de haberte visto.
- ○ **b.** Ya no te veo.
- ○ **c.** ¡Hasta la próxima!

5. Para disculparnos usamos:
- ○ **a.** Crucemos los dedos.
- ○ **b.** Siento mucho haberme enfadado contigo.
- ○ **c.** Perdona que te moleste a estas horas.

6. Para preguntar por una persona cuando hablamos por teléfono decimos:
- ○ **a.** Por favor, ¿podría hablar con…?
- ○ **b.** ¿Dónde está…?
- ○ **c.** ¿Podría ponerme con…?

7. Para dejar recados por teléfonos usamos:
- ○ **a.** ¿Puedo dejar un recado?
- ○ **b.** Dígale por favor…
- ○ **c.** ¿De qué parte?

Completa las siguientes cartas con las fórmulas epistolares adecuadas.

(1) ....

(2) .... al pedido que solicité y que me enviaron el día 13 del mes corriente. Creo que ha habido un error porque yo pedí un pantalón de la talla 40 y he recibido una falda de la talla 46. Espero que uno de sus trabajadores venga a mi domicilio, se lleve la mercancía equivocada y me traiga la que yo encargué. (3) ...., le saluda atentamente,

Pilar García

---

(4) ¡....................., Andrés! (5) ¿...?

(6) .... del concierto. Ya tengo las entradas, han sido un poco más caras de lo que pensábamos, pero creo que va a merecer la pena. Nos vemos el sábado en el Bernabéu.

(7) ....

María

---

(8) .... padres:

¿Cómo estáis? Yo muy bien, tengo una buena noticia que daros; iré a casa antes de lo que pensaba, dentro de 15 días estaré en Madrid.

(9) ....

Muchos besos.

Andrés

---

(10) .... Sres.:

(11) .... al acta de la reunión de ayer, debo decirles que donde dice 12 000 € debería decir 1 200. Espero subsanen dicho error lo antes posible. (12) ....,

Luis Fernández

Lee estos fragmentos de conversaciones extraídos de una casa de vecinos y cambia las palabras subrayadas por las expresiones que has estudiado en el punto 2.2. de la unidad.

1. ¿Por qué no me has abierto la puerta? Llevo media hora llamando al timbre y tú sin hacerme caso, es que no oyes nada.

....

2. ¡No veas el genio que tiene mi vecinito del cuarto! El otro día se me salió el agua de la lavadora y le hice una gotera pequeñísima, y no sabes cómo se puso; empezó a gritarme y a decirme que le había destrozado su casa.

....

Continúa...

3. Este niño <u>come muchísimo</u>, si sigue así vamos a tener que pedir un aumento de sueldo para poder llegar a fin de mes.

....

4. ► Anda, levántate y pon la mesa por lo menos. <u>Cada vez haces menos, te estás volviendo muy cómoda.</u>
   ► Ya voy, pero no me eches la charla, ¡eh!

....

5. Mi vecino <u>es muy tacaño</u>; nunca quiere pagar los arreglos que se hacen en la casa y siempre se queja de todo el dinero que la comunidad de propietarios se gasta.

....

6. <u>Llegó</u> a casa a las cinco de la madrugada <u>en un estado deplorable porque había bebido sin control</u> y como no encontraba las llaves, empezó a gritar: ¡abridme la puerta que soy yo! Total, que un vecino se asomó por la ventana y le echó un cubo de agua encima.

....

7. Creo que deberías plantearte dejar el tabaco, es que <u>te fumas tres cajetillas diarias</u>.

....

8. ► <u>¡Mira que es lento este ascensor!</u>
   ► ¡Y que lo digas! Parece que te va a dejar tirado en cualquier momento.

....

I.5. **Elige y marca el tiempo verbal necesario de cada una de las frases siguientes.**

1. Ser bobo	**a.** estar lejos	**A.** sin cable.
2. Ser gafe	**b.** ponerse un traje de mil rayas	**B.** darle la espalda.
3. Una iglesia	**c.** su madre en vez de darle el pecho	**C.** pincharse con la aguja.
4. Ser desgraciado	**d.** hacer llorar	**D.** a las cebollas.
5. Ser delgado	**e.** estrangularte con un teléfono	**E.** sobrarle 999.
6. Ser feo	**f.** sentarse en un pajar	**F.** no ir ni Dios.

1. *Ejemplo: e, A.* .... **3.** .... **5.** ....
2. .... **4.** .... **6.** ....

I.5.1. **Escribe los chistes anteriores y comprueba con la audición.**

🔊
[II]

1. *Eres de un bobo tal que te estrangularías con un teléfono sin cable.* ....

2. ....

3. ....

4. ....

5. ....

6. ....

1.6. Completa el texto con las palabras.

A. Dónde recurrir	**C.** De haberlo sabido	**E.** Con elegir	**G.** Ponerle
B. Obligó a elegir	**D.** El deber	**F.** Al cumplir	

(1) .... un nombre a alguien no es una tarea fácil, sino todo lo contrario. El apelativo imprime carácter, te acompaña toda la vida y condiciona tu forma de ser.

(2) .... de toda persona es hacer honor a su nombre. (3) .... antes, no le habría puesto a mi primogénito Iván.

(4) .... un nombre sugerente y sonoro no es suficiente. Hay que pensar también en el significado porque las personas quedan subyugadas por esa denominación.

¿Quién me (5) .... un nombre de fiera irascible y de dominador terrible? Probablemente fue el recuerdo de mi bisabuelo.

El padre de mi madre fue alcalde de Morella durante treinta años. (6) .... el año de vida, Iván ya intentaba organizar a toda la familia y apuntaba un carácter muy fuerte que no podíamos doblegar.

¿(7) .... entonces? La respuesta no estaba en los santorales ni en los libros de etimología. El nombre le llevó a convertirse en un hombre carismático y a mí me enseñó lo que era la paciencia.

1.6.1. Vuelve a leer el texto anterior, y di si las siguientes frases son verdaderas (V) o falsas (F).

	V	F
1. El nombre que se le pone a una persona influye en su carácter.	○	○
2. A la hora de elegir nombres lo más importante es el sonido o la musicalidad.	○	○
3. Tu apelativo no te deja ser libre.	○	○
4. La familia influye a la hora de la elección del nombre.	○	○
5. Iván se asocia con la dominación y con el mal genio.	○	○

1.6.2. Relaciona los infinitivos del ejercicio 1.6. con su uso.

A. Dónde recurrir ....•
B. Obligó a elegir ....•
C. De haberlo sabido .....•
D. El deber ....•
E. Con elegir ....•
F. Al cumplir ....•
G. Ponerle ....•

• **1.** Sujeto de una oración
• **2.** Valor temporal
• **3.** Valor concesivo
• **4.** Infinitivo nominalizado
• **5.** Valor condicional
• **6.** Pregunta deliberativa
• **7.** Después de algunos verbos
    con pronombre de OD

1.7. Lee los siguientes textos y completa la tabla.

	Intención comunicativa	Tipo de texto	Tipo de lenguaje
Texto 1			
Texto 2			

Continúa...

Texto 1. La gente dice que en Andalucía siempre hace buen tiempo, pero en mi pueblo, en invierno, nos moríamos de frío.

Antes que la nieve, y a traición, llegaba el hielo. Cuando los días todavía eran largos, cuando el sol del mediodía aún calentaba y bajábamos al río a jugar por las tardes, el aire se afilaba de pronto y se volvía más limpio, y luego viento, un viento tan cruel y delicado como si estuviera hecho de cristal, un cristal aéreo y transparente que bajaba silbando de la sierra sin levantar el polvo de las calles.

(El lector de Julio Verne de Almudena Grandes)

Texto 2. Contar votos puede parecer un medio para averiguar cuál es la verdadera (es decir, la más ruidosa) *vox populi;* pero el poder de la fórmula de contar votos, como el poder de la fórmula del primogénito varón, radica en el hecho de que es objetiva, sin ambigüedad, y está fuera del campo de la discusión política. Lanzar una moneda al aire sería igualmente objetivo, igualmente carente de ambigüedad, igualmente indiscutible y, en consecuencia, igualmente podría afirmarse (como se ha afirmado) que representa la *vox dei.* Nosotros no elegimos a nuestros dirigentes lanzando una moneda al aire (lanzar monedas se asocia con la actividad del juego, de baja categoría), pero ¿quién se atrevería a afirmar que el mundo estaría en peor estado de lo que está si sus dirigentes hubieran sido elegidos desde el comienzo por el método de la moneda?

(Extraído de *Diario de un mal año* de J.M. Coetzee)

1.8. **Completa el texto con las pautas que te damos.**

Para empezar vamos a reflexionar sobre el aburrimiento: decía Nietzsche que solo los animales superiores son capaces de aburrirse, **en consecuencia** ....
...., **sin embargo** ....
....

Asimismo la mente del hombre es inquieta, **en otras palabras** ....

De otro lado existe también el tedio que sienten las sociedades avanzadas, **en especial,** ....

Por supuesto que este sentimiento lo provoca la progresiva separación del hombre y del medio natural. Todos somos conscientes de este hecho, **no obstante** ....

Respecto a la relación entre aburrimiento y destrucción, debo decir que todas nuestras anécdotas más terribles de la infancia han sido fruto de momentos ociosos o de terrible tedio. Recuerdo **concretamente**
....

De otro lado, hay una estrecha unión entre creación y aburrimiento, **quiero decir** ....
....

Para finalizar ....

1.9. **Busca en la sopa de letras:**

1. Un apellido de origen judío.

2. Otro apellido bastante común en España.

3. Uno de los más habituales en Hispanoamérica.

4. Uno catalán, otro vasco y uno más gallego.

5. Un apellido que hace referencia al nacimiento.

6. Un hipocorístico.

```
Q A V A A R N T D Q O M I T Ó N J R
G O N Z Á L E Z O C H A R O R U E Í
P T R Ó U F T E T E P R O B E F X D
B E S V R T Q E O E Ó T I E V B P S
S I R S C I U E L T R O U A E U Ó N
I N E E O L Ó P E Z P R M T N S S I
M M D G I U M C D F E E Q A D D I M
I U Í E N R S E A R S L U T E Á T U
L T P D Á Q A O N E F L R L L M O S
I S E I S U D T O M D I Ó R I K A E
E T X E B E R R I A L D P T U I E P
```

Unidad 2

El éxito

2.1. Completa las siguientes frases con el tiempo verbal correspondiente.

1. Si Juan me lo .... *(decir)* antes, no habríamos coincidido en el regalo. Menos mal que conservo el ticket.

2. Viajaría por todo el mundo si .... *(poder)*.

3. No .... *(ser)* posible hacerlo si no hubiera tenido tu ayuda. Muchas gracias.

4. Si tienes problemas, no .... *(dudar)* en llamarme. Mi teléfono es 61234568.

5. Me encantaría vivir cerca del mar. Si .... *(tener)* dinero, me la compraría en la Costa Brava.

6. Si no me hubieran ascendido después de tantos años, creo que me .... *(ir)* de la empresa.

7. Uno de los anuncios que no he olvidado todavía es el que decía:"Si bebes, no .... *(conducir)*".

8. ¿Qué creéis que .... *(pasar)* si nadie cumpliera las normas?

9. Si mañana no .... *(llover)*, haremos la excursión que tenemos pendiente, te lo prometo.

10. Si me hubieras avisado con antelación,.. *(cambiar)* los planes, pero como no lo sabía, me ha sido imposible hacerlo.

2.2. Escribe frases que resuman las siguientes situaciones, utilizando una de las tres condicionales.

1. El otro día me invitaron a una fiesta, no conocía a nadie, me aburrí muchísimo y además me encontré con mi exnovia. Fue horrible.
Saber/ir

....

2. El viaje que vais a hacer me parece increíble, me da mucha envidia, pero me es imposible apuntarme por el trabajo.
No trabajar/apuntarme

....

3. No puedes seguir así, no haces ejercicio, comes muchas grasas, estás todo el día sentado, no tienes vida social.
Seguir así/ponerse enferma

....

4. ¡Qué pena que no pueda ir con vosotros al cine! Me apetece bastante ver esa película, pero ya he quedado.
Poder/cancelar la cita

....

5. Cuéntame cosas de tu país, dónde se puede comer, qué se puede ver, cuál es el medio de transporte más barato, ya sabes, cosas útiles para cuando vaya el mes que viene.
Querer comer bien/probar la comida del norte

....

6. El fin de semana pasado no pude ir a tu cumpleaños porque me encontraba fatal, tenía fiebre, me dolía la garganta, no podía ni moverme… pero ya me han dicho que os lo pasasteis muy bien.
No estar enferma/ir

....

2.3. Completa las siguientes frases con tu opinión personal.

1. Si leo todos los días, ...

2. Si no hubiera estudiado español, ...

3. Si pudiera elegir un deseo, ...

4. Si me piden ayuda, ...

5. Si fuera más joven, ...

6. Si hubiera vivido en más países, ...

2.4. Lee las siguientes frases y ordénalas para completar los cuatro diálogos. Para ayudarte, las frases que comienzan diálogos están marcadas en negrita.

1. **¿Qué tal el novio de tu hija? ¿Te gustó?** ....

2. Si tú lo dices. ....

3. **¿No crees que María se pasó un poco con lo que me dijo?** ....

4. Vale por esta vez, pero que no se acostumbre. ....

5. Venga hombre, piensa en ti cuando tenías su edad, ¿no podrías hacer la vista gorda?, ha sido solo una trave-surilla.

6. Sí, sí, pero es que tampoco es muy agraciado, más bien diría que es tirando a feíllo. ....

7. Ehhh, pues mira el trato con mi jefe, es un poco… como te diría yo, un poco forzado. ....

8. **Tengo que hablar contigo de lo que ha hecho tu hijo, no ha estado nada bien. Se merece un castigo.**

9. Bueno, no está mal, quizás demasiado amable. ....

10. **Parece que no te gusta este trabajo, ¿no?** ....

11. Hombre, no te lo tomes así. Piensa que está algo estresada por la situación familiar que está pasando. .....

12. Bueno, no está mal, pero se podrían cambiar algunas cosillas. ....

13. Pero, ¿no lo había solucionado? ....

14. Ah, no te preocupes, al principio a todos nos cuesta adaptarnos a lo nuevo, pero siempre se termina arre-glando.

15. Uyyy, todavía no le has perdonado que dejara a Carlos, ese sí que te gustaba. ....

16. ¿Cuáles? ....

17. Mujer, seguro que quería ser educado para caerte bien. ....

18. No del todo, pero anda más animadilla porque piensa que con el tiempo todo se irá arreglando. ....

Diálogo 1:   ,   ,   ,   ,   Diálogo 3:   ,   ,

Diálogo 2:   ,   ,   ,   Diálogo 4:   ,   ,   ,   ,   ,

2.4.1. Escucha la audición y comprueba las respuestas de la actividad anterior.

[12]

2.5. Relaciona las siguientes expresiones que pueden conducir al éxito o al fracaso en el trabajo.

1. aprovechar	**a.** enchufe
2. reconocer	**b.** un pelota
3. enfrentarse	**c.** las oportunidades
4. evitar	**d.** responsabilidades
5. asumir	**e.** la conciencia tranquila
6. huir	**f.** retos
7. desmoralizarse	**g.** a los problemas
8. tener	**h.** en algo
9. ser	**i.** los propios errores
10. tener	**j.** ante las dificultades
11. establecer	**k.** de los problemas
12. sobresalir	**l.** los pensamientos negativos
13. evadir	**m.** metas

1.　, 2.　, 3.　, 4.　, 5.　, 6.　, 7.　, 8.　, 9.　, 10.　, 11.　, 12.　, 13.　.

2.5.1. Escribe las expresiones de la actividad anterior que resumen la idea de los siguientes textos.

1. Ya te he dicho muchas veces que no te puedes arrepentir de lo que no has hecho, eres muy joven. Si te han ofrecido un puesto de trabajo excelente en el extranjero, tienes que aceptarlo, es una ocasión única.

○ **a.** establecer metas.
○ **b.** aprovechar las oportunidades.

2. Yo creo que lo mejor es aceptarlo, te equivocaste y lo más sensato es decirlo abiertamente. Seguro que tus alumnos te lo van a agradecer.

○ **a.** reconocer los errores.
○ **b.** tener la conciencia tranquila.

3. Ya va siendo hora de que hagas lo que tienes que hacer. Hasta ahora te hemos ayudado porque pensábamos que eras muy joven, pero si no empiezas a tomar decisiones y solucionar las cosas por ti mismo, no vas a madurar nunca.

○ **a.** enfrentarse a los problemas.
○ **b.** asumir retos.

4. No me parece justo que no hagas lo que te corresponde, ¿no te das cuenta de que otros tienen que hacer tu trabajo? Ya está bien de seguir con esa actitud.

○ **a.** desmoralizarse ante las dificultades.
○ **b.** evitar responsabilidades.

5. Ya sabemos que siempre dices cosas bonitas a tu profesora aunque muchas veces no sean muy ciertas, que si le queda muy bien esa falda, que si está muy guapa, que si…, que si…

○ **a.** ser un pelota.
○ **b.** tener enchufe.

6. Es increíble que el currículo de una persona no sea necesario para encontrar un trabajo. Ahora mismo es suficiente si eres el hijo de, el sobrino de… ¡qué vergüenza!

○ **a.** tener enchufe.
○ **b.** ser un trepa.

7. No te preocupes, si tú estás seguro de que lo que has hecho no va a repercutir negativamente en el resto de tus compañeros, será así. Lo importante es lo que tú sientes.

○ **a.** tener la conciencia tranquila.
○ **b.** evitar los pensamientos negativos.

8. Toda tu vida has estado sin enfrentarte a los problemas y sigues haciéndolo, pero llegará un momento en que tendrás que asumirlos.

○ **a.** huir de los problemas.
○ **b.** caer en el desánimo.

2.6. Relaciona las expresiones con el verbo *echar* con sus significados.

1. Echar leña al fuego.	a. Llegar el momento.
2. Echar de menos.	b. Enfadarse por algo.
3. Echarse (para) atrás.	c. Ayudar.
4. Echar en falta.	d. Darse cuenta de que no sabes dónde tienes algo.
5. Echar en cara.	e. Regañar a alguien.
6. Echarse el tiempo encima.	f. Hacer que una situación conflictiva o violenta lo sea más.
7. Echar una mano.	g. No llegar al fin de un proyecto, desdecirse de algo.
8. Echar chispas.	h. Notar la falta de una persona o cosa.
9. Echar la bronca.	i. Reprochar algo a alguien.

1.   , 2.   , 3.   , 4.   , 5.   , 6.   , 7.   , 8.   , 9.   .

2.7. Lee las siguientes frases y escribe la expresión del verbo *echar* correspondiente en el tiempo que sea necesario.

1. No me puedo creer que ...., no tienes suficiente con el enfado del otro día. Además, si sigues así dejará de hablarte y, al final, te arrepentirás.

2. El otro día paseando por la calle di un pisotón a una señora y no te puedes imaginar ...., empezó a decir que si la juventud no tenía respeto, que no hay educación, etc.

3. Ayer hablé con mi hijo y me hizo llorar porque me dijo que .... y, la verdad, es la primera vez que me demuestra sus sentimientos.

4. Date prisa, todo el mundo nos está esperando, al final se nos .... y vamos a llegar tarde.

5. Es increíble que tú ...., ¿no te acuerdas de lo que yo hice por ti cuando nadie no te apoyaba?

6. Pensábamos ir el próximo fin de semana a Lisboa pero al final .... por la operación de mi padre.

7. Después de lo que le han contado de su pareja, está que ...., yo no le diría nada porque te puede dar una mala contestación.

8. Si puedes .... con la mudanza te lo agradecería eternamente, también pensaba decírselo a Juan y Pedro y entre los cuatro creo que acabaremos pronto.

9. Llevo todo el día buscando el anillo que me regaló la abuela y mirando por todos los cajones. También .... la pulsera que me compró por mi cumpleaños. ¿Dónde los habré dejado?

2.8. Responde a las siguientes preguntas con información personal.

1. Escribe una situación en la que echaste leña al fuego.

....

2. ¿Qué echas de menos cuando viajas a un país extranjero?

....

3. ¿Cuándo fue la última vez que te echaste para atrás?

....

4. ¿Alguna vez has echado en cara algo a un amigo y luego te has arrepentido? Si la respuesta es afirmativa, escribe por qué.

....

5. ¿A qué personas les pides que te echen una mano cuando necesitas ayuda?

....

6. Escribe una situación que recuerdes en la que echaste chispas.

....

7. ¿Has echado la bronca alguna vez a un amigo tuyo? ¿Por qué fue?

....

8. ¿Se te ha echado el tiempo encima y no has podido cumplir con algún trabajo?

....

9. Normalmente qué cosas echas en falta.

....

2.9. **Lee las siguientes frases que definen el éxito e intenta completarlas con las palabras que faltan.**

1. El éxito es fácil de obtener. Lo difícil es **M** _ _ _ _ _ _ _ _.

2. Nunca esperes al éxito. Él te _ _ **R** _ _ _ _ _ _ _ _.

3. La diferencia entre la genialidad y la _ _ _ **U** _ _ es el grado de éxito.

4. Para alcanzar el éxito se requiere de tres cosas: voluntad, _ _ _ _ **R** y decisión.

5. El éxito no es el dinero, ni la _ _ **M** _, es hacer bien lo que nos gusta y sentirnos bien con nosotros mismos.

6. El éxito no es alcanzar riquezas, es superar nuestros propios _ _ _ _ _ **S**.

7. El éxito es cuestión de _ **U** _ _ _ _ _ **E** _ _ _, y si no, pregúntale a los que no tienen.

8. El _ _ **C** _ _ _ _ _ _ _ _ es el único lugar en el que el éxito va antes que el trabajo.

9. El éxito no se perdona, por eso las personas con éxito en la vida tienen muchos _ _ _ _ _ **G** _ _.

10. El éxito no requiere explicación. El _ _ _ **C** _ _ _ tiene mil excusas.

11. Con el conocimiento llega la oportunidad. Con la **P** _ _ _ _ _ _ _ _ _ _ _ _ _ llega el éxito.

12. El éxito está compuesto por un 9% de _ _ _ _ _ _ **Z** _, un 5% de talento y un 5% de originalidad.

2.9.1. **Para ayudarte te damos las definiciones de las palabras que faltan de la actividad anterior.**

1. Tener derecho a algo como premio o castigo.

2. Coger desprevenido, sin preparación o aviso a alguien.

3. Falta de la razón, alteración de la mente.

4. Cualidad por la que una persona o cosa merece consideración y tenerse en cuenta.

5. Situación o estado que se consigue por haber hecho una cosa importante o por ser muy conocido.

6. Sentimiento que mueve a rechazar o tratar de evitar las cosas que se consideran peligrosas o capaces de hacer daño.

7. Azar que determina el desarrollo de los hechos que no se pueden prever.

8. Conjunto de palabras de una o más lenguas en orden alfabético con sus explicaciones correspondientes.

9. Persona que odia a otro y le desea o le hace mal.

10. Resultado malo o distinto de lo esperado, contrario de éxito.

11. Constancia, persistencia, empeño.

12. Empleo de la fuerza física o mental con un fin determinado.

2.10. Lee las siguientes preguntas y escribe la letra en el tipo de interrogativa que corresponda.

a. ▶ Vi a Juan en el médico.
   ▶ ¿Dónde lo viste?

b. ▶ ¿No crees que es muy grande para ti?

c. ▶ ¿Tienes preparado todo lo que te he dicho?
   ▶ ¿Que si tengo preparado todo? Por supuesto.

d. ▶ ¿Dónde está Juan?
   ▶ ¿Dónde está quién?

1. Interrogativa recapitulativa: .... ☐   **3.** Interrogativa explicativa: .... ☐

2. Interrogativa especificativa: .... ☐   **4.** Interrogativa retórica: .... ☐

2.11. Lee el siguiente texto y elige el título más apropiado.

○ a. **Aprende a emprender.**

○ b. **Pierde el miedo.**

○ c. **Presenta tu proyecto en unos minutos.**

Se ha celebrado en Madrid el *Startup Weekend* con el lema "Todo actuar, nada hablar", Byron Stanford colabora como mentor en el evento organizado a través de la Fundación Kauffman.

"El fracaso en Estados Unidos está considerado como algo bueno", señala este emprendedor que ahora, con 29 años, tiene dos proyectos en marcha, una consultoría para empresas y otra que analiza las tendencias en las redes sociales.

En este evento de fin de semana han participado sesenta personas que han tenido 54 horas para presentar el último día alguna idea de aplicación *web* o para teléfono móvil en tres minutos ante un jurado. Todos llegan con una idea distinta, pero la sensación compartida es la de no saber qué se van a encontrar.

No hay límite de edad, pero la franja más frecuente de los participantes oscila entre los veinte y los cuarenta años. Algunos simplemente se apuntan a este tipo de encuentros con la idea de conocer gente para montar su negocio.

Entre ellos, un grupo de cinco personas que, como explica Laura, una de sus integrantes, "hace tiempo tenía la idea de montar una empresa", pero nunca había participado en algo así y "creen que el ambiente les puede ayudar".

Otro de los miembros del mismo grupo, Juan, cree que "uno de los grandes vacíos que hay en España a la hora de empezar un negocio es la parte técnica". Él, como desarrollador, no llega con una idea pero espera que alguno de los participantes la proponga y él pueda ayudar a que alguien la haga realidad.

Juan apunta asimismo que al principio hay mucha gente que no se atreve a presentar la idea por miedo o vergüenza, pero después de ver la presentación de los demás, la gente empieza a levantar las manos y se da cuenta de que "al trabajar todos juntos y al ser cada uno una pieza de lo que sería una empresa, se animan al ver que es posible".

(http://www.rtve.es/noticias/20120507/empresa-idea-startup/521984.shtml)

Geografías

●●

3.1. Completa los siguientes partes meteorológicos con las palabras del recuadro.

> anticiclón ■ cielos ■ cubiertos ■ chaparrón ■ brumas ■ precipitaciones
> borrasca ■ vientos ■ granizo ■ temperaturas ■ despejados ■ nieve

1. El .... de las Azores nos suaviza el tiempo. Para mañana se esperan ....
primaverales, 20 °C de máxima y 12 °C de mínima. Los cielos estarán .... durante todo
el día y lucirá el sol.

2. El miércoles los .... estarán .... debido a la .... procedente del Atlántico Norte.

3. El fin de semana puede caer algún .... que alivie la sequía en la Comunidad Valenciana.

4. Para el martes se prevén .... con dirección oeste-suroeste, de intensidad moderada a
fuerte para la Región de Magallanes y la Antártida Chilena.

5. En la costa sudeste de Uruguay habrá nubosidad variable mañana. La visibilidad será regular por la mañana debido a las ...., tenderá a mejorar por la tarde.

6. Las temperaturas bajarán visiblemente esta semana. Para el jueves se esperan .... en forma de .... La cota se sitúa en los 700 metros.

7. El intenso .... caído ayer provocó diversos daños materiales en el mobiliario urbano y
en los coches que circulaban en ese momento por la calle.

3.2. Etiqueta las siguientes entradas en un muro de Facebook con las palabras con las que
se relacionan, como en el ejemplo. Puedes consultar las actividades 1.3 y 1.4 del libro
del alumno.

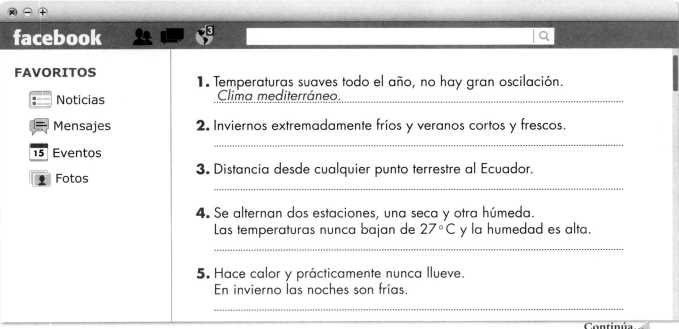

FAVORITOS

- Noticias
- Mensajes
- **15** Eventos
- Fotos

1. Temperaturas suaves todo el año, no hay gran oscilación.
Clima mediterráneo.

2. Inviernos extremadamente fríos y veranos cortos y frescos.

3. Distancia desde cualquier punto terrestre al Ecuador.

4. Se alternan dos estaciones, una seca y otra húmeda.
Las temperaturas nunca bajan de 27°C y la humedad es alta.

5. Hace calor y prácticamente nunca llueve.
En invierno las noches son frías.

Continúa...

Etapa 13. Nivel B2.4

6. Altura de un punto de la Tierra con relación al nivel del mar.

....

7. La temperatura media anual es de 24°C.
Solo tiene dos estaciones bien diferenciadas: la lluviosa y la seca.

....

8. Es el clima más inhóspito.

....

3.3. **Completa estos diálogos con las expresiones que has aprendido en la unidad.**

1. ▶ ¿Recuerdas cuando nos conocimos? Tú me traías el desayuno a la cama todos los domingos y me regalabas flores una vez al mes.

▷ (Con tono seco) ....

2. ▶ ¿Qué hiciste cuando tu madre te echó la bronca por haber llegado a casa borracho y encima sin llaves de casa?

▷ Pues nada, ...

3. ▶ ¡Menudo cochazo! Desde que montaste tu propia empresa no pareces la misma.

▷ Ya ves, no me puedo quejar. La verdad es que el despacho ....

4. ▶ Con esto de la corrupción y la evasión de capitales no hay político que se salve.

▷ Sí, casi todos están ....

5. ▶ Ayer me enteré de lo de tu primo. ¿Cómo es posible que quieran quitarle su casa porque no paga?

▷ Ya ves, se quedó sin trabajo y por más que busca no encuentra nada. Eso sí, él está ....
.... para evitar el desahucio.

6. ▶ ¡Qué harta estoy! Soy una esclava de mis hijos. Estoy todo el día cocinando, comprando, limpiando y ellos ni si quiera se encargan de tener su habitación recogida.

▷ ¿Por qué no hablas con ellos y les dices cómo te sientes?

▶ Claro que he hablado mil veces, pero ellos ....
siguen con su actitud egoísta.

7. Oye, te has pasado con el picante, este curry ....
no se puede comer.

3.4. **Marca los lugares que responden a las preguntas.**

	bahía	cordillera	estrecho	golfo	llanura	río						
		cataratas		desierto		glaciar		lago		meseta		volcán
1. ¿Qué lugares podemos atravesar a nado?	O	O	O	O	O	O	O	O	O	O	O	O
2. ¿Qué lugares podemos recorrer a pie?	O	O	O	O	O	O	O	O	O	O	O	O
3. ¿Qué podemos escalar?	O	O	O	O	O	O	O	O	O	O	O	O
4. ¿Qué lugar es el más estratégico?	O	O	O	O	O	O	O	O	O	O	O	O
5. ¿Cuál suele estar helado?	O	O	O	O	O	O	O	O	O	O	O	O
6. ¿Cuál es el más ensordecedor?	O	O	O	O	O	O	O	O	O	O	O	O

3.5. Fíjate en las palabras subrayadas de las frases y usa recursos para intensificar las ideas que expresan.

1. El clima de la selva tropical es muy húmedo.
   Ejemplo: *Es extraordinariamente húmedo.*

2. La bahía de Cádiz es de gran belleza.

....

3. La Habana vieja deja asombrados a muchos turistas.

....

4. Los cubanos son muy amables, pueden llegar a acompañarte en tu recorrido turístico.

....

5. De las montañas más escarpadas destacan en España los Picos de Europa, en Asturias.

....

6. Machu Picchu destaca porque deja impactados a los visitantes.

....

3.6. Marca el contexto adecuado para cada frase.

1. *Hoy es viernes.*
   ○ **a.** Respuesta a la pregunta: ¿Qué día es hoy?
   ○ **b.** Alguien se asombra de lo rápido que ha pasado la semana.

2. *Ya estamos a viernes.*
   ○ **a.** Alguien muestra alegría porque el fin de semana está cerca.
   ○ **b.** Alguien pregunta por el día de celebración de una reunión.

3. *El pueblo está con las víctimas.*
   ○ **a.** El pueblo apoya moralmente a los afectados.
   ○ **b.** Físicamente todo el pueblo acompaña a las víctimas.

4. *Yo estaba con una de las víctimas cuando ocurrió el accidente.*
   ○ **a.** Yo estaba del lado de la víctima, la apoyaba.
   ○ **b.** Yo estaba a su lado, con ella.

5. *El acantilado está sucísimo.*
   ○ **a.** Es así por los materiales que lo forman.
   ○ **b.** Los turistas lo han ensuciado y por eso está así.

3.7. Escucha la audición y responde a las preguntas que te hace el entrevistador usando *ser* y *estar*.

[13]

1. **Ejemplo:** *Soy profesor/a, pero estoy de locutor/a de radio en un programa cultural.*

....

2. ....

....

3. ....

....

Continúa...

4. ....
....

5. ....
....

6. ....
....

7. ....
....

8. ....
....

3.8. Escribe en cada columna los usos de *ser* o de *estar* según correspondan.

Ser	Estar
....	....

1. Expresa el resultado de una acción anterior.

2. Expresa la voz pasiva.

3. Expresa pertenencia a un grupo (profesión, ideología, nacionalidad…).

4. Expresa origen, procedencia o el material.

5. Situarse en el tiempo con una expresión coloquial.

6. Localizar en el espacio, equivale al verbo *encontrarse*.

7. Situarse en el tiempo.

8. Expresa el resultado de un cambio y tiene sentido irónico o exclamativo.

9. Con la preposición *con* puede referirse a la compañía o a un apoyo moral.

10. Localizar en el espacio y el tiempo un suceso o acontecimiento, equivale a *ocurrir*, *tener lugar*.

11. Describe una circunstancia o estado del sujeto.

12. Expresar la identidad (A=B): los miembros de la oración son equivalentes.

13. Describir una propiedad intrínseca al sujeto (carácter, físico, forma…)

3.8.1. Relaciona las siguientes frases con los usos de *ser* y *estar* de la actividad anterior.

1. La hija de Marta está hecha toda una mujercita y es que ya tiene 17 años. ....

2. La casa de Amaia es de madera. ¡Una preciosidad! ....

3. Ya estamos en marzo. ¡Cómo pasa el tiempo! ....

4. Madrid fue nombrada capital de España por Felipe II. ....

5. Casi todos los miembros de mi familia son abogados, excepto yo que soy físico nuclear. ...

6. Hoy llegaré tarde a casa, estoy con mis compañeras de trabajo tomando unas cañitas. ....

7. Jerez está en el sur de España. ....

8. ► ¿Qué día es hoy?

    ► ¿Hoy? Es martes. ....

9. El festival de música *Womad* es en Cáceres, en mayo de cada año. ....

10. La capital de Uruguay es Montevideo. ....

11. Estoy muy contenta con mi nuevo trabajo. ....

12. Las playas de Cádiz son muy largas y de arena fina. ....

13. El museo está restaurado por completo. ....

3.9. **Completa estas frases con uno de los verbos del recuadro.**

> Convertirse (2) ■ Ponerse (2) ■ Volverse (2) ■ Hacerse (2) ■ Quedarse (2)

1. .... *(yo)* de piedra cuando me dieron la noticia.

2. Hace dos años que .... *(yo)* al budismo, ¿no lo sabías?

3. .... *(yo)* de muy mal humor que no se respeten los derechos de los animales.

4. Conmigo no .... el despistado, que ya nos conocemos.

5. Con los años María .... más simpática.

6. .... vegetariana con 17 años, y la verdad es que ya no echo de menos la carne.

7. No sé qué pasa con Daniel, ... en una persona huraña y malhumorada, ¡con lo simpático que era!

8. Me encantan los domingos por la mañana, sobre todo porque .... en la cama hasta tarde.

9. Cada vez que veo las noticias .... muy triste, el mundo está cada vez peor o por lo menos así lo muestran en las cadenas de TV.

10. Desde que Raquel lo dejó con su novio .... desconfiada, dice que ya no cree en las personas ni en el amor.

3.10. **Coloca las siguientes palabras con el verbo adecuado.**

inflexible

morado/a

sin palabras

viejo/a

petrificado/a

loco/a

1. Hacerse
....

2. Ponerse
....

3. Volverse
....

4. Convertirse en/a
....

5. Quedarse
....

vegano

judaísmo

peluquero/a

de hielo

millonario/a

rubio/a

Unidad 4

Literatura y arte contemporáneo

4.1. Relaciona estos sustantivos con su significado.

1. Recuerdo ....•
2. Melancolía ......•
3. Evocación ....•
4. Meditación ......•
5. Añoranza ....•
6. Nostalgia ....•

• **a.** Acción y efecto de traer algo a la memoria o a la imaginación.

• **b.** Memoria que se hace de algo pasado.

• **c.** Pena al sentirse lejos del lugar en que se ha nacido, de la familia o de los amigos.

• **d.** Recordar con cierta tristeza la ausencia o pérdida de alguien o algo muy querido.

• **e.** Practica de un estado de atención concentrada sobre un objeto externo, sobre un pensamiento o sobre el propio estado de concentración.

• **f.** Tristeza profunda, tranquila, permanente, que hace que la persona que la padece no encuentre gusto ni diversión por nada.

4.2. Elije la opción correcta en cada frase.

1. ¿Cuál es el mejor .... que tienes de todos tus viajes?
- O **a.** añoranza
- O **b.** recuerdo
- O **c.** evocación

2. La decisión la tomó después de una profunda .... sobre los pros y los contras que podía conllevar.
- O **a.** nostalgia
- O **b.** evocación
- O **c.** meditación

3. No hay .... peor que añorar lo que nunca jamás sucedió.
- O **a.** añoranza
- O **b.** nostalgia
- O **c.** meditación

4. Todos los años me ocurre lo mismo, cuando llega el otoño me invade la ....
- O **a.** evocación
- O **b.** añoranza
- O **c.** melancolía

5. Muchas de las obras de Joan Miró son una .... de la mujer.
- O **a.** nostalgia
- O **b.** recuerdo
- O **c.** evocación

6. A pesar de llevar muchos años viviendo fuera de mi ciudad todavía siento .... de mi familia y amigos.
- O **a.** añoranza
- O **b.** melancolía
- O **c.** evocación

4.3. Lee el siguiente poema y elije uno de los títulos de la lista. Fíjate que las palabras que faltan en el poema, son las mismas que la del título.

Recuerdo

Evocación

Meditación

Nostalgia

Añoranza

Melancolía

1. ....

¿De qué se nutre la   ?
uno evoca dulzuras
cielos atormentados
tormentas celestiales
escándalos sin ruido
paciencias estiradas
árboles en el viento
oprobios prescindibles
bellezas del mercado
cánticos y alborotos
lloviznas como pena
escopetas de sueño
perdones bien ganados
pero con esos mínimos
no se arma la
son meros simulacros
la válida, la única
                 es de tu piel.

Mario Benedetti

4.4. Sustituye las palabras marcadas por un adjetivo con valor superlativo.

1. Las previsiones del tiempo para mañana son de lluvias <u>muy intensas</u> en todo el norte de la Península.
....

2. Uno de mis defectos es que soy <u>muy gastadora</u>, no soy capaz de ahorrar y con los tiempos que corren sería más que necesario hacerlo.
....

3. Los españoles consideran que comprar una casa es una decisión <u>muy difícil</u> de tomar, ya que van a estar pagando la hipoteca durante muchos años.
....

4. Según un estudio realizado en la Universidad de Oxford, la grasa se acumula en el organismo solo tres horas después de una comida <u>muy abundante</u>.
....

5. Llevar una vida poco ordenada y estresada me hace sentir mentalmente <u>muy cansado</u>.
....

6. En el Obs tienen una cocina <u>muy rica</u> a la vez que tradicional. Es un restaurante más que recomendable.
....

7. ¿Has visto la serie *Aída*? La protagonista es <u>muy ordinaria</u>, pero... ¡tan divertida!
....

8. Un viento <u>muy violento</u> de 140 kilómetros por hora pone a la provincia de León en alerta roja.
....

9. Como no cambie la situación política, el daño a la sociedad será <u>muy inmediato</u>.
....

10. Mi profesor tiene un dominio <u>muy grande</u> de la gramática española.
....

4.5. **Elije el adjetivo adecuado en cada frase.**

1. Después de escucharla hablar me di cuenta de lo **basta/ardua** que era, ¡parece mentira que sea la alcaldesa de un pueblo!

2. Siempre he preferido una **copiosa/suculenta** comida a una comida **copiosa/suculenta**, ¡la calidad antes que la cantidad!

3. En los bosques españoles puedes encontrar carteles que dicen: "Prohibido hacer fuego. Peligro **inminente/huracanado** de incendios".

4. La tormenta **torrencial/vasta** dejó numerosos heridos y daños materiales en Málaga.

5. Según un estudio realizado por psicólogos de la Universidad de Córdoba, las personas ahorradoras tienden a casarse con personas **vastas/derrochadoras**.

6. El juez tomó la **ardua/suculenta** decisión de poner en libertad a J.L.C. por falta de pruebas.

7. Yo creo que te darán el trabajo, tienes una **vasta/basta** experiencia como ilustradora y diseñadora, además de mucha motivación.

8. A pesar de que me encanta aprender idiomas, cuando salgo de las clases de español estoy **vasto/exhausto**.

9. Me da pánico el viento **torrencial/huracanado**, no lo puedo remediar, es que parece que la casa va a volar.

10. Me fascinan las tormentas de **copiosas/bastas** lluvias, grandes truenos, relámpagos... ¡son increíbles!

11. Soy un gran admirador de García Márquez, es un señor con una **ardua/vasta** cultura, aunque muy sencillo y cercano.

4.6. **Lee los siguientes textos y completa los espacios en blanco con un pronombre relativo.**

PREMIOS LITERARIOS ESPAÑOLES

1. Premio Cervantes

El Premio Cervantes es un premio de Literatura en Lengua Española **(a)** .... se concede anualmente por el Ministerio de Cultura de España.

Es el máximo reconocimiento a la labor creadora de escritores españoles e hispanoamericanos **(b)** .... obra está escrita en lengua española.

Los escritores galardonados, **(c)** .... han contribuido a enriquecer el patrimonio literario en lengua española, son una clara evidencia de la importancia de este premio desde que se instituyó en 1975. Está considerado el galardón más importante en lengua castellana.

Este Premio está dotado con 125 000 € y toma su nombre de Miguel de Cervantes Saavedra **(d)** .... novela *Don Quijote de la Mancha* se considera la máxima obra de la literatura española.

El Premio se entrega en la Universidad de Alcalá de Henares, ciudad **(e)** .... nació Cervantes.

El fallo es a finales de año y se entrega el 23 de abril de cada año, fecha **(f)** .... se conmemora la muerte de Cervantes.

2. Premio Nadal

El Premio Nadal de novela es un premio comercial **(a)** .... se concede a la mejor obra inédita en español por Ediciones Destino.

La notoriedad de este Premio radica en ser el más veterano de **(b)** .... se conceden en España, se creó en 1944 y concedió su primer premio en 1945.

El objetivo del galardón era descubrir nuevos valores literarios hasta que a principios de los 90 lo adquirió el Grupo Planeta y tomó un rumbo más comercial.

Muchos de los ganadores de este premio son grandes figuras literarias, **(c)** .... muestran la evolución de la literatura española desde la segunda mitad del siglo XX.

En la actualidad, su dotación es de 18 000 € y se entrega el 6 de enero de cada año, día **(d)** .... también se celebran los Reyes Magos en el hotel Palace de Barcelona (antiguo Ritz).

El Premio lo instituyó la revista Destino de Barcelona como homenaje **(e)** .... fue su redactor jefe Eugenio Nadal Gaya, **(f)** .... murió ese mismo año.

3. Premio Planeta

El Premio Planeta se concede cada año a la mejor novela inédita escrita en español **(a)** .... es elegida por editorial Planeta.

Fue establecido en 1952 por José Manuel Lara Hernández, **(b)** .... fundó la editorial, con el objetivo de promocionar a los jóvenes escritores españoles.

Actualmente el Premio está dotado con 601 000 € para la obra ganadora y 150 250 € para la finalista, siendo el segundo premio literario mejor dotado del mundo, después del Premio Nobel de Literatura.

Se falla cada año el 15 de octubre, día **(c)** .... se celebra la festividad de Santa Teresa, onomástica de la mujer del fundador, María Teresa Bosch.

Este Premio se ha convertido no solo en un acontecimiento literario, sino también social, **(d)** .... finalidad cumple fielmente: dar la máxima difusión y popularidad a los autores galardonados.

Continúa...

4.6.1. Vuelve a leer los textos anteriores y di si las siguientes afirmaciones son verdaderas o falsas.

V F

1. El Premio Cervantes se concede solo a escritores cuya obra está escrita en lengua española.   ○ ○

2. El fallo del Premio Cervantes se hace el día 23 de abril de cada año.   ○ ○

3. El Premio Cervantes es un reconocimiento a las novelas inéditas de escritores españoles e hispanoamericanos.   ○ ○

4. El Premio Nadal es el más antiguo que se concede en España.   ○ ○

5. El Nadal es un premio exclusivo de novela.   ○ ○

6. Desde su creación, la finalidad del Premio Nadal es dar publicidad a escritores consagrados de la literatura española.   ○ ○

7. El Planeta es un premio académico que concede la editorial Planeta.   ○ ○

8. El Premio Planeta se creó con el objetivo de dar a conocer a los nuevos escritores.   ○ ○

9. El Planeta es el premio literario peor pagado de España.   ○ ○

10. El Premio Cervantes, el Nadal y el Planeta son concedidos por editoriales españolas.   ○ ○

4.7. Escucha estos microrrelatos y pon las comas que faltan.

[14]

---

1. El dinosaurio

Cuando se despertó el dinosaurio ya no estaba allí.

Augusto Monterroso

---

2. La función del arte

Diego no conocía la mar. El padre Santiago Kovadloff lo llevó a descubrirla.

Viajaron al sur.

Ella la mar estaba más allá de los médanos esperando.

Cuando el niño y su padre alcanzaron por fin aquellas cumbres de arena después de mucho caminar la mar estalló ante sus ojos. Y fue tanta la inmensidad de la mar y tanto su fulgor que el niño quedó mudo de hermosura.

Y cuando por fin consiguió hablar temblando tartamudeando pidió a su padre: ¡Ayúdame a mirar!

Eduardo Galeano

---

3. El drama del desencantado

El drama del desencantado que se arrojó a la calle desde el décimo piso y a medida que caía iba viendo a través de las ventanas la intimidad de sus vecinos las pequeñas tragedias domésticas los amores furtivos los breves instantes de felicidad cuyas noticias no habían llegado nunca hasta la escalera común de modo que en el instante de reventarse contra el pavimento de la calle había cambiado por completo su concepción del mundo y había llegado a la conclusión de que aquella vida que abandonaba para siempre por la puerta falsa valía la pena de ser vivida.

Gabriel García Márquez

4. El Rayo que cayó dos veces en el mismo sitio

Hubo una vez un Rayo que cayó dos veces en el mismo sitio pero encontró que ya la primera había hecho suficiente daño que ya no era necesario y se deprimió mucho.

Augusto Monterroso

5. Historia

Un *cronopio*[1] pequeñito buscaba la llave de la puerta de calle en la mesa de luz la mesa de luz en el dormitorio el dormitorio en la casa la casa en la llave. Aquí se detenía el cronopio pues para salir a la calle precisaba la llave de la puerta.

Julio Cortázar.

[1] **Cronopio:** término inventado por el autor que hace referencia a un personaje de una serie de cuentos.

6. Música

Las dos hijas del Gran Compositor seis y siete años estaban acostumbradas al silencio. En la casa no debía oírse ningún ruido porque papá trabajaba. Andaban de puntillas en zapatillas y solo a ráfagas el silencio se rompía con las notas del piano de papá.

Y otra vez silencio.

Un día la puerta del estudio quedó mal cerrada y la más pequeña de las niñas se acercó sigilosamente a la rendija; pudo ver como papá a ratos se inclinaba sobre un papel y anotaba algo.

La niña más pequeña corrió entonces en busca de su hermana mayor. Y gritó gritó por primera vez en tanto silencio: ¡La música de papá no te la creas…! ¡Se la inventa!

Ana María Matute

4.8. **Escribe un microrrelato similar a los anteriores.**

....

....

....

....

....

....

....

....

....